早稲田社会学ブックレット

［現代社会学のトピックス 1］

WSB

岡本智周

歴史教科書にみるアメリカ

―共生社会への道程

学 文 社

はじめに

日本で歴史教科書の内容についての議論が繰り返されるように、世界の多くの国々でも、歴史教科書に相応しい知識は何かということをめぐって、さまざまな議論が行われている。

それは、学校教育で歴史についての知識が伝達されることによって、人びとが地域や世代や立場の違いを越えて結び付けられ、社会のまとまりが維持される側面があると、一般的に考えられているからである。それゆえに、教育に携わる多くの専門家が、社会全体で共有する必要のある歴史の知識を提示し、それらが歴史教育で活用されるように提言を重ねていく——このような議論の構図はどの国においても共通である。

こうしてみると、歴史教育とは、歴史研究の成果をただ伝達するだけではなく、その成果を受け取った人びとのあいだで、ある種の社会関係が取り結ばれることを期待する営みであると、捉えることができる。歴史の知識は、伝達されることによって情報としての価値をもつことになるが、同時に、新たな社会関係が形成される触媒として役立てられているのである。

ここに、歴史教育の内容を社会学的に研究することの意義が生じてくる。歴史についての知識を精緻化し、より妥当性の高い情報に高めていくことが歴史学の営みであるとするならば、社会学研究は、ある社会のなかでどのような歴史の知識が選ばれ、社会をまとめるためのいかなる力の根拠として用いられているのかを考える。学校教育で扱われる知識の性質や、時間の経過によるその変化を考察することから、その社会で期待されている社会関係のあり様や、より大きな社会の変動の傾向を理解することができる。

本書ではこのような観点から、アメリカ合衆国という国民社会を眺めてみたい。「多文化社会」の創出をめぐってアメリカの社会や教育界が掲げた理念や、実際に経験された諸々の困難さには、同様の社会変動のなかにいる人間が参照できるものが、数多く含まれているからである。

二〇〇八年一月

著　者

目次

第一章

一九六〇年代の社会変革

一　「多文化社会」の創出

アメリカ合衆国といえば建国以来の「多民族国家」あるいは「多人種国家」として知られ、人種や文化の異なる人びとが世界中から集まって社会をつくっている。しかし多くの異なる人種や民族が住み、さまざまな文化が混在している社会が、すぐさま「多文化社会」になるわけではない。アメリカの歴史において、社会に生きる多様な人びとがもつ価値を等しく尊重しようとする時代は極めて限定的であったし、人びとの暮らしぶりが多彩であればあるほど、一元的な価値観が強調される傾向もまた強かった。

そもそもアメリカは奴隷制を採用していた国家であり、多人種・多民族の社会と

帰化(naturalization)
志望して他の国の帰属権を取得し、その国の国民となること

公民権(civil rights)
憲法に保障された公民としての権利。選挙権や被選挙権など、市民が国家や地方自治体の政治に参与する権利として保障された公権

エスニシティ(ethnicity)
共通の特質にもとづいて表明される社会的・文化的な一体性、および帰属意識。「人種」が身体的特質によって付与される外形的概念である

いっても、「アメリカ国民」になるためには多くの制限が設けられていた歴史をもつ。建国初期の一七九〇年の帰化法では、市民権を取得できる者が「アメリカの法律を守り、二年間アメリカに住みつづけた自由な白人」に限定されていた。南北戦争後の一八六八年の憲法修正によって、市民の定義が、「合衆国に生まれた、もしくは帰化したすべての人」と改められたが、その後も黒人の多くの公民権が剝奪されていたのはよく知られるところである。また、アメリカへ帰化する権利が黄色人種一般に認められるためには、一九五二年の移民国籍法まで待たねばならなかった。アメリカでは社会的な諸権利の与奪の基準が、人種によって複数化されコントロールされてきたのである。

そのようなアメリカ社会に大きな変革がもたらされたのが、一九六〇年代という時代である。この時期にアメリカは、社会に生きる人びとの多様性に否応なく直面することになり、人びとのあいだの差異に意識的にならざるを得なくなった。エスニシティのみならず、ジェンダー、年齢、障害、階層といった面において、人びとがそれぞれに異なっていること、またそのような異なる人間の集積として社会があることが認識され始めたのである。社会を構成する要素の多様性を理解し、諸個人のあいだに存在する社会的不平等を是正していこうとする思想、すなわち多文化主義の思想が浸透していくことで、アメリカは「多文化社会」への道を意識的に歩み

のに対し、「エスニシティ」は身体的差異についての主観的な認識も含んだ自己意識にもとづく

ジェンダー(gender)
男女両性の生物学的特性の違いを意味するsexに対し、社会的・文化的な意味づけをされた両性の違いを意味する

公教育（public education)
広く社会公共の事業として制度化された教育。公の性質、すなわち公共性のもとに制度化された現代の学校教育は、すべて公教育ということになる

始めたといえる。

「多文化社会」創出のための契機として、ここではとくに一九六四年の公民権法の制定と一九六五年の移民法の改定を押さえておきたい。前者は、それまでも社会のなかに存在していた文化的多様性を認知させた点で重要であり、後者は、そのように社会のなかの多様性に気づき始めたアメリカ社会に新たな多様性をもたらし、多文化主義的思考をさらに促進させる契機となった点で重要である。

(1)　一九六四年の公民権法の制定

一九六四年の公民権法は、黒人に対する差別の解消を求めた公民権運動の成果である。公民権運動自体は二〇世紀初頭以来の歴史をもつが、それが反差別運動として活発になったのは、一九五四年に連邦最高裁判所が下した「公教育における隔離原則の否定」の裁定の後であった。カンザス州で子どもを近くの白人の公立学校に通わせることを拒否された黒人の親が、人種差別であると訴えを起こし、それに対して連邦最高裁が、公立学校で白人と黒人を分けて教育することは不平等であると裁定したのである。黒人差別を社会的に容認しないとする最高裁の方針は、差別撤廃の運動に法的な根拠を与えることになった。

もちろん、それを原因として社会的には大小の摩擦が露呈することになった。

アーカンソー州では、白人のみが通っていたリトルロック市の高校が黒人生徒の入学を認めたことに対して、知事が反対し、州兵二五〇人を動員して高校を取り巻く大騒動が起こった。一九五七年のことである。また一九五五年にアラバマ州モントゴメリー市で、黒人のローザ・パークスがバスのなかで白人に席を譲らなかったことを原因として逮捕された事件も、人種差別撤廃を求める運動を加速させたことは有名である。

以降、とくに南部において人種隔離をめぐる対立が激化するが、マーチン・ルーサー・キング・ジュニア牧師が採用した、非暴力直接行動の戦略、すなわちバス・ボイコット、軽食堂への座り込み、各種の訴訟、教育委員会への提訴などの諸活動は、白人のあいだにも共感と支持を引き起こした。こうした運動の結果として、一九六四年に新たな公民権法が制定され、公共の場での人種差別の禁止と、人種、肌の色、宗教、性別あるいは出身国を理由とした、雇用・職業斡旋の面での差別の禁止が明文化されたのである。社会のなかにこれまで存在していた文化的多様性が認識される契機となったといえる。

マーチン・ルーサー・キング・ジュニア（Martin Luther King Jr.）
一九二九年生まれ。プロテスタントバプティスト派の牧師。非暴力直接行動主義に立ち、一九五〇年代後半から六〇年代にかけて公民権運動を指導。六四年ノーベル平和賞受賞。六八年に暗殺される

(2) 一九六五年の移民法の改定

次に、「多文化社会」創出の第二の契機として一九六五年の移民法改定がある。

センサス（census）
国の人口の規模や構造、および国勢の諸側面を把握するために、行政上の理由から行われるようになった全数調査

これは直接的には、一九二四年以来効力を有していたそれまでの移民法を改めるものであった。一九二四年の移民法では、一八九〇年のセンサスにおける人口の出身国構成を基準にして、その数の二パーセントまでが毎年の外国からの新移民受け入れ枠として割り当てられていた。一八九〇年の時点でのアメリカの住民は圧倒的に北欧・西欧からの出身者とその子孫であるため、一九二四年移民法がその割合に比例した移民受け入れ枠を設定したことは、北欧・西欧出身者中心の社会づくりの意図を明瞭にしたものであった。

一九六五年移民法はその出身国別割当法を廃止し、毎年西半球（南北アメリカ）から一二万人、東半球（ヨーロッパ、アジア、アフリカ）から一七万人という大まかな上限の範囲内で、移民受け入れ枠を拡大するものとなった。優先権は、アメリカに滞在する者の家族（呼び寄せ家族）と、医師や技術者などの特殊技能をもつ者に与えられた。また難民はこれらの移民者の枠外として扱われることとなった。この背景には、冷戦における自由主義陣営の中心として機能している合衆国の政治的立場と、産業の空洞化を先進国のなかでもいち早く経験し始めていた経済的環境からの要請が存在していたといえる。

しかしこれらの政治的・経済的思惑を越える形で、文化的な変動が生じることとなった。それがすなわち、ラテンアメリカ圏とアジア圏からの移民の急増である。

図1　出身地別に示した、10年ごとの移民総数の推移（1821～2000年）

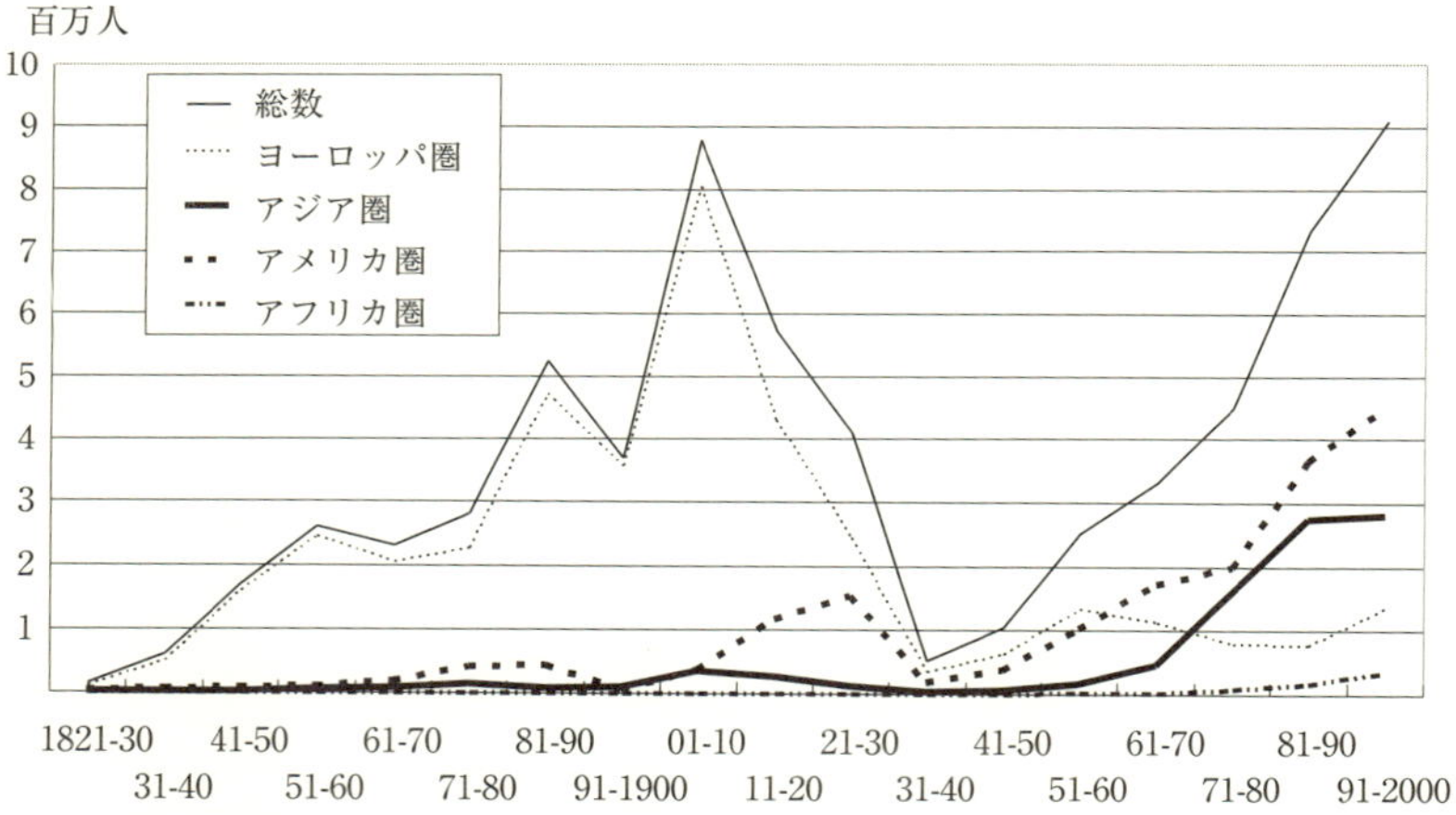

（出典： U.S. Immigration and Naturalization Service, 2003, pp.17-19をもとに作成）

これらの非ヨーロッパ圏からの移民は家族との結び付きを強く示し、本国からアメリカへの流入人口を加速度的に増加させた。結果として図1が示すように、一九六〇年代以降の合衆国への移民はラテンアメリカ圏とアジア圏からの者が大多数を占めることになった。アメリカ社会を長らく支配してきた北欧・西欧出身者の優越性は、この移民法によって法律上打破され、アメリカが「ヨーロッパ系の国家」であり続けることを実際上不可能にしたのである（この法改定はまた、グローバルな人間の移動の拡大に先鞭をつけたともい

マイノリティ(minority)
文化的・身体的な特徴など、何らかの属性を理由にして、否定的に差異化され、社会的・政治的・経済的に弱い地位に位置づけられる存在。必ずしも数の少なさだけが根拠とはならず、権威の面での弱さ・権利の面での不利によって特徴づけられる

われる)。アメリカにおける「多文化社会」の創出には、新移民法のもとでの文化的多様性の新たな増大が強く作用している。

二　多文化教育の進展

このような法律の面での変革と、それによる社会の文化的側面の変化を受けて、教育という社会制度が変わり始めた。一九六〇年代以降、社会のなかの文化的多様性をさらに社会に浸透させ定着させる手段として機能したのが、多文化教育の取り組みである。

多文化教育は、従来の教育において制度的にも教育内容的にも周辺に位置づけられていた黒人を始めとするマイノリティについて、積極的に目を向けて学習を進めていこうという取り組みである。マイノリティの歴史的体験や文化を学校の授業で取り上げ、その学習経験によって多様な民族集団のあいだの相互理解を促進させようとするものである。初期には、マイノリティ研究やエスニックスタディという形で、社会で周辺に位置づけられているマイノリティグループに属する子どもたちの自己肯定感を高めることが目的とされていたが、やがてそのような個々の集団に関する学習の集積を通して、社会における「マイノリティ」と「マジョリティ」の関

係性とは何なのか、そもそもなぜ「マイノリティ」という存在が生じてくるのかといったところまで、論理的に理解をさせる教育活動となっていった。加えてその内容も、人種やエスニシティに関することに留まらず、女性や高齢者、障害者、低所得者といった、社会的に劣位に位置づけられる集団についての学習へと展開されていくことになった。

カリキュラム(curriculum)
児童・生徒・学生が学校において、教師の指導のもとに学習を進めていく際の、内容と計画の総体

(1) 歴史教科書への影響

そのような多文化主義の取り組みがもっとも顕著に表現されることになったのが、歴史教科書であった。一九六〇年代以降、多文化化する社会の現実を反映したカリキュラムの開発が相次いで行われるようになったが、それらは最終的に歴史教科書の記述に帰着したのである。アメリカ社会にいる多様な人びとがいかなる来歴を有しているのか、また、重要な出来事のなかでマイノリティがどのような働きをしていたのか――可能な限り多くの情報を取り込むことによって、アメリカの歴史教科書は、多文化社会の成り立ちと価値観の相対性を次世代に伝達するメディアとなっていった。

元来アメリカにおける教育は、社会のなかで何が中心的な価値であるのかを選別し、伝達する手段として機能してきた。とりわけ一九一九年から一九五〇年にかけ

ネイティビズム(nativism)
排外主義。文化変容への反発としての土着主義。外国生まれの者や外国産の物に対して、自国生まれの者や自国産の物の優越性を、根拠もなく主張すること

同化(assimilation)
移民（およびその子孫）が、自らの（および祖先の）出身国の文化を捨て、相手国の文化を吸収し、その国の一員となること

ての時代は、アメリカの教育史のなかでも激しいネイティビズムの時代とされている。その当時のアメリカにおける社会的な価値と美徳は、白人の中流階級以上の男性のそれによって占められており、教育制度はもっぱら保守・排外的な傾向を促進するための役割を果たしていたといわれる。たとえば一九四〇年代の歴史教科書は政治史を重視し、政府の活動の歴史を記述していた。またそこには「we」や「our」といった言葉が頻出し、そこでの「我々」とは、ほぼ「男性」や「白人」を意味していた。黒人や先住民や移民は「彼ら」と称されて、「我々」の側に同化されるべき存在とされた。「彼ら」の来歴・現状・社会的貢献についてはほとんど語られることがなく、たとえ触れられたとしても、偏見とステレオタイプに満ちたものであった。

この傾向は一九五〇年代の教科書にも引き継がれている。フランシス・フィッツジェラルドは、一九世紀から一九七〇年代までに発行された一一〇点の歴史科・社会科教育用の教科書を集めて支配的な価値観の変化を分析し、現在も歴史教科書分析の古典となっている『改訂版アメリカ』を著したが、そこで彼女は一九五〇年代の歴史教科書を次のように表現している。

イデオロギー的に、一九五〇年代における歴史教科書は無骨で、首尾一貫した

スプートニク（sputnik）
ソビエト連邦の無人人工衛星。一九五七年一〇月、人類史上初めて打ち上げに成功

全米有色人地位向上協会（National Association for the Advancement of Colored People; NAACP）
一九〇九年設立。公民権運動の推進母体。一九五〇年代から反差別運動を牽引

> ものだった。その表紙を開けば、アメリカは完全なものとしてあった。世界に冠たる国家であり、民主主義、自由、テクノロジーの進歩を体現した存在だった。そのような歴史教科書にとって、国はいかなる意味においても不動の存在だった。その価値や政治制度は、アメリカ独立革命の時代から一貫して継続している。一九五〇年代の子どもたちにとって、これらの教科書はそれが自己充足的だというただそれだけの理由から、永久不変のものに思われた。その正統性はいかなる反論の余地も腐敗の疑いも残さないように思えた。〔FitzGerald 1979 10 = 一九八一 一〇〕

しかしながら、教育界におけるドラスティックな変化がそれ以降に生じた。フィッツジェラルドはその変化の原因を、①一九五七年のソビエトの宇宙衛星（スプートニク）打ち上げがアメリカの教育界にもたらした衝撃（スプートニク・ショック）と、②一九六二年のデトロイト市における全米有色人地位向上協会の大規模な歴史教科書批判キャンペーンの二つに求めている。まず前者は、米ソの軍拡競争の一環としての宇宙進出競争において、アメリカがソビエトに後れをとっていることを明瞭に印象づけることとなった。これにより議会議員たちは旧態依然の内容を学んでいる教育現場の改善を要求し始め、科学的な教育教材と教員養成プログ

ラムの開発を行う教育改革者たちの活動が活性化することとなった。この教育改革運動の影響は社会系科目にも及び、改革者たちは「科学」という部分を強調して社会諸科学の今日的な研究成果を反映させたカリキュラムや教科書を開発していくことになったのである。

そしてその科学主義が具体的な現状批判に結びついたのが、スプートニク・ショックから五年後のデトロイト市にみられた、出版史上はじめての、非白人の市民および革新的な市民からの大規模な抗議の声であった。全米有色人地位向上協会の支部が一九六二年、レイドロー・ブラザーズ社の歴史教科書を取り上げて、それが奴隷制度を肯定的に記述していることを指摘し、デトロイト市内の学校からその教科書を回収することを市教育委員会に要求した。同委員会はこれに対して教科書の回収を決定し、他のすべての使用中の歴史教科書に同種の人種的偏見が存在しないかを点検し始めたのである。

いうまでもなく、この全米有色人地位向上協会の活動は公民権運動の一環である。デトロイト市教育委員会の決断は、アメリカにおける歴史教科書の作成プロセスに向けられる社会からのまなざしを増加させることになり、以後この運動は他の大都市にも急速に広まっていく。同時に、この動きに導かれる形で、黒人以外のマイノリティに関する歴史教育知識の現状に対する批判も寄せられることになった。

フィッツジェラルドは述べている。

二、三年のあいだに多くの団体が民族、人種、宗教などについての偏見を広範囲に調査し、新しい時代の教科書のあるべき内容に対して勧告を行うようになった。慎重な考慮の結果作成された勧告の主眼は、現実のアメリカ社会が多人種・多文化からなっているにもかかわらず、教科書が常にそれを白人による中流階級社会と規定してきた点を批判していた。一九六二年以前には気配すらなかったこうした思想は、たちまち教育界を席巻し、六〇年代末には教育界の常識となったのである。〔FitzGerald 1979 38 = 一九八一 四一〕

(2) 多文化教育と多文化社会の循環的関係

その後、この種の運動と行政による対応は急速に他の大都市に広まっていくが、注意すべきは、その展開がアメリカ社会にすでに存在していた多人種的状況と親和的であっただけでなく、一九六〇年代以降の社会変革によって促進されたという点である。ここに、一九六五年移民法がもたらした状況の重要性がある。アメリカへの流入人口構成の変化は、教科書の採択に対して直接の影響を与えることとなったからである。

アメリカでは教科書の出版は自由に行われるが、採択に関してはおよそ半数の州で州採択制度が採られ、残りの地域では学校区ごとの採択が行われている。ただしここで採択されるのは、ごく少数の州・学校区を除いては、「適正教科書のリスト」であり、下位の教育行政者・教職者に選択の余地が残されている。他方、教科書出版社としては地域の事情に応じて異なるバージョンを無限につくることは不可能であり、そのため相対的に大きなマーケットとなる州にとくに適合し、かつ全米の他の地域にも販売できる内容を用意するという戦略が働く。そこに事実上の教育基準が成立することになる。

学校教育の内容についての国民的合意は、アメリカの場合、このようにして下から生じてくるわけであるが、たとえばカリフォルニア、テキサス、フロリダの各州はいずれも州レベルで「適正教科書のリスト」を決定しており、これら三州だけで全米の教科書市場の二五%が占められるため、教育内容にこれらの州の社会状況や世論が反映されやすくなる「カリフォルニア効果」「テキサス効果」等が指摘される。アジアやラテンアメリカからの移民はこれらの州に多く居住するために、そこでの移民法改定以降の社会の多文化化と文化変容が、「カリフォルニア効果」「テキサス効果」を通して教科書知識に直接的に反映することになったのである。

結果として一九七〇年代以降、教科書作成プロセスに向けられる視線はさらに複数になり、教科書は次第に多元的な現実を把握するための視点を用意するようになった。ほぼすべての高学年用のアメリカ史の教科書が「役割」「地位」「文化」についての議論を含むようになり、囲み記事のなかでは著名な社会科学者たちが討論をし、経済学や社会学の論文の抜粋だけでなく、その著者の写真や履歴が掲載された。多くの教科書がアメリカ大統領よりも社会科学者たちにより高い地位を与えているように思える、というのがフィッツジェラルドの指摘するこの時期の傾向である。また一九七〇年代の歴史教科書の内容分析を行ったネイサン・グレイザーとリード・ウエダも、この時期の教科書における歴史叙述の視点に関して以下のように述べた。

現在の教科書におけるエスニシティの新たな取り扱いは、単一かつ単純な国民原理に依拠した記述を、数々の多様なグループを組み込んだ記述へと変えている。異なるエスニックグループの諸々の歴史が歴史叙述に対して大きな力をもつようになるとき、歴史はもはや単一かつ不変の国民原理に依拠した視点（過去についての共通のスタンス）から描かれることはできないのである。

〔Glazer and Ueda 1983 57〕

一九五〇年代までの教科書が歴史を叙述するために採用していた一元的な視点は、一九七〇年代を経るあいだに、多様なグループを把握し得る多元的な視点へと変化したのである。結果として、アメリカ教育界と全体としてのアメリカ社会の双方において、白人の中流階級以上の男性の社会的価値と美徳は相対化され、アメリカの首尾一貫した全体性は損なわれることとなった。

喫茶室

社会化と学校教育

社会とは人びとが集団内で、あるいは集団間で秩序をもって関係性を取り結んでいる状態のことであるが、社会がまとまり（凝集性）をもつためには、人びとに一定程度共通する価値や規範が行きわたる必要がある。社会学では、個人が価値や規範を内面化して社会のなかで生きていく力を獲得する作用のことを社会化と表現しており、また社会の側も諸個人の社会化を通して、それ自体の維持、存続、そして変容を可能にしていると考える。そしてそこで伝達される価値と規範の体系が、文化とよばれるものである。その意味で歴史教育は、社会の過去についての情報とそれが含意する価値と規範を人びとに共有させることによって、社会のなかの異なる世代、異なる立場の人びとを結び付ける機能を果たしていることになる。

社会化には二つの段階が想定され、それぞれの担い手が異なる。第一次社会化では家族がその主要な担い手になる。後々の学習の基盤となる言語や基本的な行動様式が伝達されることが、この段階で行われる。その後、児童期の後半から成熟期にかけて行われる第二次社会化では、家族の外側にある諸々の社会制度がその担い手になる。より広範な社会に適用することができる価値と規範の学習がこの段階で行われ、現代社会においてはメディアや職業組織などとともに、学校がもっとも有力な第二次社会化の担い手となっている。

それゆえに教育社会学の分野では、世代が異なる、あるいは居住地域が離れた人間のあいだの凝集性を高める社会組織として、学校の機能が議論されてきた。もっともはやく学校教育の社会的機能を体系的に定義したのはフランスのエミール・デュルケム（一八五八～一九一七年）であり、彼は教育の本質は社会化であるとした（『教育と社会学』）。すなわち教育とは、社会生活において未だ成熟していない世代に対して成人世代によって行使される作用であり、その目的は社会が要求する知的・道徳的状態を子どものなかに発現させることにある。デュルケムは近代教育の性質と目的を、社会と個人の関係性の取り結びの面から定義しており、近代教育がそもそも個人にとっての利得から構想されるものではなく、社会の側の必要性によって進展されるものである点を鋭く指摘している。

世界のあらゆる社会において、画一化された教科書、年齢集団によって厳格に規制された学年制度、学級編成、標準化された卒業証書といった教育制度が採用され、そのような学校の仕組みが実現されること自体が近代化であるとされてきたのは、その社会に独自の整合的な経験的世界がこれらによって創出されてきたからである。そして歴史教科書は、学校の諸々の要素のうちでも、そのような目的にもっともよく寄与するメディアだといえる。

第二章

一九八〇年代からの文化戦争

一　社会変革の反作用

一九六〇年代の社会変革によって、文化的多様性についての認識がアメリカ社会に強く浸透することになった。さまざまな差異が社会のなかに存在することを承認し、それらの差異にもとづく社会的不平等を是正していく思想として、多文化主義が掲げられた。そこから、異なる文化や事情をもつ人びとが共生する社会が模索され始めたことになる。

しかしながら、社会が一枚岩として存在しているわけではないとする理解は、次なる議論の論点をもたらすことになった。すなわち、社会の「全体」と「部分」の

エスニックマイノリティ（ethnic minority）
主として文化的特質を理由に社会のなかで否定的に差異化され、権利の面で不利な状態に位置づけられるエスニックグループ

ナショナルアイデンティティ（national identity）
諸個人の内面で把握される、国家・国民と自己との連続性・同一性

関係はどのような論理で説明できるのかという問題である。

多文化主義の浸透によって、たとえば黒人や女性や障害者といった、それまで社会のなかで周辺に位置づけられていた存在に力が与えられるようになった。マイノリティの属性をもつ人びとが、社会のなかで十全に権利を行使しつつ生活できることがめざされた。だがそれはまずは黒人の集団、女性の集団、障害者の集団といった、「集団」が声をあげることによって可能になるのであり、その意味ではアメリカという「全体社会」のなかの「部分社会」がクローズアップされたことになる。一九六〇年代以降、黒人がアフリカ系アメリカ人として、従来インディアンとされていた人びとがネイティブアメリカ人として、またその他のエスニックマイノリティたちも「～系」のアメリカ人として集団を組織し、政治的、社会文化的な力を行使するようになっていったのが、その例である。

このような多元主義的現実は、しかし「アメリカ」というまとまりを第一に考える人たちからは、分離主義的な行動として受け取られることになった。「部分社会」が強調されることは「全体社会」を解体することにつながると理解されたのである。なかでも保守的な政治思想をもつ人びとは、アメリカに住む人間が共有すべき思想や文化が失われることを危惧し、多文化主義の進展に対抗して、ナショナルアイデンティティの中核となるものの復権を求めるようになった。その際、ナショ

ナルアイデンティティの中核とされるものは、ヨーロッパ由来の文化や思想、歴史的知識とされたのである。

かたや、多文化主義の立場をとる人にとっても、「全体」と「部分」をどのように設定し、また両者の関係性をどう説明するかが、大いに議論されることになった。部分社会の権利拡張に取り組むとしても、そのマイノリティグループもまた諸個人の集まりである。たとえば日系アメリカ人という集団のなかには、女性もいれば男性もおり、障害のある人もいればない人もいる。祖父母や両親がみな日系だけである人もいれば、親族に他のエスニシティの人がいる人もいる。社会のなかの多様な差異に気づくことを求める多文化主義は、社会的存在としての一人ひとりの人間もまたさまざまな特徴をもっていることに気づかせたのである。そのような多様な諸個人を日系アメリカ人の集団としてまとめあげるには、多かれ少なかれ統合の論理が必要となる。そしてその統合の水準が、どの「全体」に設定されるべきかが問われることになった。

そして、個人に対しては一つの社会として立ち現れるマイノリティの集団もまた、部分社会としてアメリカという全体社会のなかに存在している。多文化主義にもとづいた運動を具体的に推進し、現実の制度や方策に結び付けていく場合でも、その予算や効力の範囲には限度がある。そのなかで複数のマイノリティグループの利害を扱うためには、やはり全体を捉える観点が不可欠となる。その意味で、部分社会の利害を調整し資源の分配を行う全体社会を想定することが、多文化主義の議論のなかに表現されるようになった。この文脈で全体社会としてのアメリカを重視し、国家の力による社会統合に期待する多文化主義者も登場するようになった。

さらによりマクロにみれば、アメリカ社会というものも世界のなかの一部であると捉えることができる。あるいは、グローバルな産業社会の一部に位置づけられる。国民国家を越えた世界社会もしくは産業社会という理念のなかでは、アメリカという国民社会も部分社会となるのである。国家的価値と普遍的価値のあいだの整合性の問題はこの水準で提起され、部分社会に対して想定される全体社会が、多くの場合アメリカという国民社会とされていること自体にも、議論の余地が指摘されるようになった。

一九八〇年代から一九九〇年代にかけて、以上のような論点が社会的に活発に論じられるようになった。それらの論点は、「アメリカ文化とは何か」という問いの形に集約された。たとえばバイリンガル教育について、エスニックマイノリティの子どもの第一言語を大切にし、より学習しやすい言語で教育を受けることを可能にするこのプログラムは、他方では、アメリカの一般社会で通用する英語をいつどのように身に付けさせるのかと問い返された。それに対しては、英語が「公用語」と

バイリンガル教育(bilingual education)
二言語併用教育。英語による授業が通例である学校において、英語が不自由な児童生徒にその第一言語による教育を提供する制度

アファーマティブアクション（affirmative action）　積極的差別是正措置。差別を受けてきた者の、雇用や高等教育参入などを推進すること

されることは自明なのかといった問い直しや、多言語社会の実現の可能性についての議論が引き続くことになった。

またたとえば、アファーマティブアクションのもとで、就業や大学入学の機会にエスニックマイノリティや女性が優先されることも、反面からみれば新たな割当制度と捉えられ、機会の自由と平等を重視するアメリカの理念に反するとされた。さらにまた多くの大学の教養カリキュラムが、ヨーロッパの文化や歴史についての科目を、アフリカ、アジア、ラテンアメリカ等の文化や歴史の科目と横並びの選択肢として設定し、そのなかからいくつかを選択し必修するように定めたことなども、アメリカに住む者が共有できる文化的中核の喪失につながっていると批判されることになった。一九八〇年代から一九九〇年代にかけて白熱したこのような対立や論争は、社会のさまざまな側面で「文化戦争（Culture War）」とよばれる状況をもたらすことになった。

いうまでもなく、人びとの世界観や価値観に直接的にかかわる営みとされる歴史教育は、この文化戦争の舞台の一つとなった。「アメリカの中心的価値」を設けるか否か、また何らかの形でそのようなものを設定するとしたらどのような内容が適切なのか、といった議論の直接の焦点になったのである。歴史教科書の内容は一九八〇年代以降、そのような視角から再度検討されるようになった。

おりしも、一九七九年のアメリカ教育省団体条例にもとづいて、一九八〇年にはアメリカ教育省が設立されている。その使命の第一には、「個人にとっての教育の機会均等を確実にする」ことが掲げられ、教育に対する連邦レベルでの補助金政策を実施することが唱えられた。翌年には共和党のロナルド・レーガンが大統領に就任し、国家的な教育政策の実施に力が入れられていく。このような社会の状況が、一九八〇年代の歴史教科書で扱われる情報やその語り口にも反映されていくことになる。

喫茶室

全体社会と部分社会

教育を受け社会化された人間が成員となっていく社会は、一つだけではないのが現実である。社会学ではそれを、「全体社会」と「部分社会」の多重性で表現している。全体社会の内部には、相対的に小さな、そして互いに交渉の少ない部分社会が存在し、その部分社会も個々に社会化の機能を果たしている。また全体社会の水準においても、国民社会の外側には国際社会や産業社会と称される人間の関係性の広がりが存在している。人間が社会化されていく、その行き先としての社会は、このように複数が重なり合い結び付いて存在している。

そのような社会の多重性を、社会化によって共有される文化（価値と規範）の性質を考慮することで整理したのが、藤田英典の文化モデルである。それによれば、文化には「共通性と特殊性」および「統合性とシステム性」の二つの軸に沿った対立した傾向があることに注目できる。

第一に、文化はその適用可能な範囲の相対的な広狭によって、より共通性の強いものとより特殊性の強いものの軸に沿って把握ができる。共通性の強い文化とは、全体社会を特徴づける一般文化であり、国民国家によって細分化された地球の現状においては、まずは国民文化がその具体例となる（ただし藤田は、国民国家の境界を越えたレベルでの共通性を考えることができないわけでもなければ、その必要性がないというわけでもない、とする）。対して特殊性の強い文化とは、部分社会（たとえば、家族、企業や地域社会、エスニックグループなど）を特徴づける特殊文化である。

第二に、境界内の成員を同質化し求心的に結び付ける傾向の強い文化と、成員の異質性を特定の論理のもとに相互依存・相互作用のネットワークとして結び付ける傾向の強い文化を想定することができる。前者は統合性の強い文化であり、一般文化の水準ではたとえば国民意識に、特殊文化の水準ではたとえば民族意識や地元意識につながるものである。対して後者は、システム性の強い文化であり、一般文化の水準ではたとえば産業社会における適応力・分業能力につながり、特殊文化の水準では専門的な職業集団における特殊技能として表現される。

ひとくちに文化とよばれるものにも、このようにさまざまな性質と傾向を指摘することができる。ある社会のなかでの文化摩擦、社会と社会のあいだでの文化的対立、あるいは個人のなかでの文化的葛藤など、文化をめぐる問題は数多くあるが、社会化の行き先としての社会が個人にとって複数かつ多層的に存在し、それらの諸社会で共有される文化の性質と傾向が互いに異なっていることに気づくことから、社会学的な文化研究は始まる。

二 歴史教科書における文化戦争

文化戦争の影響は、まずカリキュラムおよび歴史教科書における「共通の文化」の復権の要請として現れることになった。その議論を行った人びとが根拠としたのが、「教育における卓越性に関する全米委員会」が一九八三年に発表した報告書『危機に立つ国家』である。この委員会はレーガン政権初年度の一九八一年に、普通教育準備法と連邦諮問委員会法にもとづいて創設され、アメリカにおける教育水準の現状の把握と具体的な改善策の提言を目的とした評価調査を行った。調査活動としては、教育に関する既存の評価調査の網羅的なレヴューと、全米の教育関係者との討論会、聴聞会、シンポジウムが実施された。『危機に立つ国家』は、この委員会のおよそ二年間の調査活動の結果をまとめた最終報告書である。

報告書では、スプートニク・ショック以後のアメリカの教育機能が、過去の実績に比して、また他の先進諸国の現状と比しても質的に低下しており、国是であったはずの「学習社会」という社会形態が動揺しているとされた。報告書は、「あらゆる人びとが各々の能力を最大限に伸ばすための機会を保証する、一連の諸価値および教育の体系へのコミットメント」や「多元的社会の共通の接合剤となり、また世界中の他の文化と我々を結びつける教育」を回復するための改革を提言し、世論調査の結果を引きながら、「アメリカ国民はこの国が、すべての人類にとって有効な、優れた思想と物的恩恵を生み出す、傑出した国家であってほしいと考えている」とする。

しかるに教育の現場は、主として教育内容の希薄化、達成目標の相対化、教育時間の減少、教員の質の低下と量の不足のためにこの理念を実現できない状況にあり、報告書はこれを「厳格化」することで解決しようと呼びかける。とくにカリキュラムおよび教科書の内容に関しては、一九七六から八一年のそれが一九六四から六九年のそれに比べて「中心的な目的がわからないほどに、同じような傾向のもとで水増しされ、拡散している。その結果、現在のカリキュラムは、前菜やデザートが主菜と簡単に取り違えられてしまうような、カフェテリアスタイルになっている」と批判した。

その打開策は、「現代的なカリキュラムの中核」をつくり、「より厳密な内容が確保されるよう、教科書その他の指導・学習教材を刷新する」ことに求められた。州や学校区などの教科書の採択主体は「各教科書・教材から明瞭に把握できる内容の厳しさ・興味深さを査定し、教科書出版社に対しては教材の効果についての自己査定結果を要求す」べきであり、そのような改革を可能にするための公的予算も確保する必要があるとされる。報告書の結語には、「我々のこの提言に示された方向へアメリカの学校を改革していくことは、子どもたちにはるかに強いアメリカでのより素晴らしい生活を用意することになるだろう」と付け加えられた。

「強いアメリカ」はレーガン政権がスローガンとして掲げた国家像であるが、この報告書では教育の目標がその実現に据えられており、効果的な教育が行われないことの原因がもっぱらカリキュラムの拡散に求められているのが特徴的である。その改善のために「現代的なカリキュラムの中核」を設定し、それを厳格に伝達することが必要とされた。

新保守主義(neoconservatism)
一九七〇年代以降に登場してきた保守主義。第二次世界大戦後に支配的になった社会福祉国家の理念に対する反動。人権擁護・男女平等・環境保全・福祉充実などの要求に対し、主として公共支出の

(1) 新保守主義

この議論の軸に沿って、一九八〇年代には新保守主義的な教育言説が社会的に流通するようになった。教育内容の研究を行っているクリスティン・スリーターとカール・グラントは、その例としてウィリアム・ベネット、アラン・ブルーム、エリック・ハーシュなどの著作の名を挙げている。まずウィリアム・ベネットはレーガン政権後半の教育省長官を務めた人物であり、一九六〇年代以降のアメリカが道徳的、社会的、文化的に退廃しているとの基本認識に立って、以後のアメリカの教育改革の根本を策定した。学校教育におけるコア・カリキュラムの導入、基本的な

増大と財政悪化を理由に、減税・公共支出削減・行財政改革を主張する。社会生活に関しては、治安の回復・教師や親の権威の復活といった、権威主義的な要請を行う

道徳原理の確立、秩序や規律の重視といった事柄を提言している。

アラン・ブルームは、日本でも有名な『アメリカン・マインドの終焉』の著者である。一九八七年に刊行されたこの書物は、大学における教養教育軽視の風潮を憂えたものである。アメリカの中核的価値であった自由と平等の理念は、実学志向、専門性志向、そして文化相対主義の思考によってアメリカ人の内面から抜け落ちてしまったと指摘した。同様にエリック・ハーシュは、その著書『教養が、国をつくる。』において、学校教育が生徒に対して、アメリカ人が互いに効果的にコミュニケーションできる共通の文化的な語彙を提供していないことを論じた。ギリシア・ローマに起源を求めることができる西欧文化の蓄積がカリキュラムの中核の座を追われたことを精神の空洞化と結び付け、その復権を求めているのが両者の主張である。

これらの教育批判では、まず現状における極めて憂慮すべき教育環境が指摘され、その問題を克服するためにカリキュラムの刷新、なかんずくアメリカ文化の中核の再定義を求めるという論理が採用された。そしてその刷新や再定義においては実質的に、一九五〇年代までに自明視されていたような、ヨーロッパ圏の古典や歴史に由来する情報や価値観が、「アメリカ文化の中心」に据えられたのである。

ナショナリズム(nationalism)
ある一定の人びとが自らの行為を、「国家は存在する」あるいは「法律的秩序が効力をもつのと同じように、国家は存在すべきである」という観念に従って決定すること。またその観念そのもの

(2) 文化的ナショナリズム

新たな保守主義に立って歴史教育の現状を批判する者たちのなかでも、単純な伝統回帰を唱えるというよりは、国家共同体の凝集性について危惧を表明する存在として、文化的ナショナリストがいた。南北戦争以来の歴史教育にかかわる教育言説を網羅した『Schoolbook Nation』の著者ヨセフ・モローは、文化戦争において社会的な影響力をより強くもち得たのは、保守回帰主義者よりはこの文化的ナショナリストであり、その代表としてアーサー・シュレジンガー・ジュニアの名を挙げている。

保守回帰の言説は、ある意味では感傷的で、伝統に踏みとどまった議論を重ねるものであった。その主張の前提には、西欧の遺産が示す知的水準が、国内外の多文化主義者やアナーキスト、フェミニストたちの知的水準よりも圧倒的に優越するという信念があった。対して文化的ナショナリストは、ある意味では文化的価値を相対主義的に把握していた。白人しか白人の文化がわからないわけではなく、同様に黒人しか黒人の文化がわからないわけでもない。その意味で文化はその内容や担い手を組み替えることも可能である。ただアメリカというものが全体として一つの文化を紡ぎださなければ、国家共同体は崩壊するとしたのである。

アーサー・シュレジンガー・ジュニアはピューリッツァー賞を二度受賞した著名

な歴史家であり、ジョン・F・ケネディ政権では大統領特別補佐官も務めるなど、政治的にも積極的に活動を行った人物である。その思想の基盤はニューディール・リベラリズムにあり、個人の自由を尊重しながらも、資本主義体制における不平等の是正のためには政府が社会に介入することを必要とする立場をとっていた。彼にとっての一九六〇年代以降の教育の問題は、個人の能力の低迷や大学以前の教育における知的な活動の荒廃もさることながら、初等中等教育段階で教えられる歴史が人種とエスニシティに即して組織された圧力団体の「人質」となっていることにあった。かつて学校での合衆国史は、国が人種のるつぼであると教え、国家の創立者たちの政治的理想に貢献し、多様な市民によって統一的な全体を作り上げるのに役に立っていた。しかるに多文化社会への動きのなかで、重要な人物・出来事についての基本的な知識と、国の下支えとなる共通の文化遺産への敬意を伝達するはずの歴史教育の目標が見失われた、とするのがシュレジンガーの主張である。

その主張は一九九一年に刊行された『アメリカの分裂』にまとめられている。ここでシュレジンガーはとくに、モレフィ・キート・アサンテらが主張するアフリカ中心主義が歴史教育カリキュラムに加えられるといった、多文化主義の過剰な浸透に警鐘を鳴らした。アフリカ中心主義とは、アフリカ的要素を中心とした世界把握の方法であり、これを主張する人たちはアフリカの視点から見た歴史と文化を公立

ニューディール(New Deal)

空前の不況と大量失業に直面した一九三〇年代に、民主党のルーズヴェルト大統領が打ち出した改革政策。救護・回復・変革をめざして、国家の赤字支出による公共事業への投資・有効需要の創出と失業救済・経済の活性化を図った。この政策のもとで、国家による信用の保証や労働者の保護が、連邦政府の権限を背景に行われた

アフリカ中心主義(Afro-centrism)

アフリカ的要素を中心とした世界把握の方法。アフリカの

人間・文化・歴史・集合的葛藤・ニーズや願望を中心に据えて、諸々のデータを解釈し利用すること

文化多元主義（cultural pluralism）
社会のなかの文化的多元性・多様性を尊重し称揚する思想。しかしそこで想定される社会像には、中核となる文化の存在が前提になっており、その点で、諸文化の並存を可能な限り希求する多文化主義（multiculturalism）と異なるとされる

学校のカリキュラムでもっと教えるよう働きかけていた。たとえば数学や哲学の発展は黒人のエジプト人が担っていたのであり、古代ギリシア人がそれを奪ったとするのが、彼らの歴史像であった。シュレジンガーはその種の学識に疑問を呈し、またアフリカとの長いあいだのつらい繋がりを克服するためのアメリカの黒人マイノリティの努力を、感傷的なものと論じた。モレフィ・キート・アサンテという名が、アーサー・スミスという名からアフリカ式に改めたものであることも、流行の一例に過ぎないと指摘した。

ただしここでは単純に白人至上主義が表明されているわけではなく、二〇世紀初頭に唱えられたような文化多元主義は重視されるのである。すなわち、アメリカ社会が多様な要素を含んでいることは積極的に評価する、しかし多様な文化のなかには社会的に中核となる文化が存在しなくてはならない。そのような理論的前提が結果としてシュレジンガーの主張を、アングロサクソン的要素への一致・順応をマイノリティの側に要請するアングロコンフォーミティの立場に近しいものとするのである。シュレジンガーは、歴史教育の意義に関して次のように考えている。

> 歴史とは、単なる抽象的な学問分野であるにとどまらない。それは国民の将来のなかに自らの役割を担っているのだ。というのも、ある国民にとっての歴史

アングロコンフォーミティ（Anglo-conformity）
アメリカ社会のなかで主流を占めるイングランド系の要素に、移民が順応・服従すること

> とは、個人にとっての記憶と同じだからである。記憶を失った個人が、来し方行く末をわからずにまごついて呆然とするのと同様に、自らの過去についての概念をもたぬ国民は、自らの現在を、そして将来をも処理することができなくなるだろう。ナショナルアイデンティティを規定する手段として、歴史それ自体が歴史を形づくる手段となるのである。〔Schlesinger 1991 51–52 ＝ 一九九二 四七〕

このように国民と歴史の関係を規定する論者にとって、ナショナルアイデンティティの中核の消失と多元的要素の並立といった事態は、国家の分裂に直結する危機となる。文化ナショナリストたちはこのような理由から、アメリカの中核となる価値を明瞭に把握することができる歴史叙述の回復を求めたのである。

(3)　一九八〇年代の歴史教科書

それでは実際の一九八〇年代の歴史教科書の内容はどのようであったのだろうか。スリーターとグラントは、一九八〇年から一九八八年に刊行された一学年から八学年用の社会科・読解・文法・科学・数学の教科書を四七点集めて分析し、そこでの諸マイノリティグループの描かれ方の特徴を次のようにまとめている。まず黒人に

関しては、その権利獲得のための諸活動が描写されていたとしても、それが白人と白人が成立させた法に向けられた闘争であったことが語られず、闘争の対象が曖昧にされている。先住民については、合衆国の創建段階での彼らの存在が描かれるようになったが、コロンブスの到着以前に彼らがどこに住み、どのような政治体制を機能させ、いかにして住居を建築し、何をどのように狩猟・採集していたのかは語られない。それゆえ先住民はある種の歴史的遺物と捉えられている。

アジア系住民に関しては、その記述自体が少なく、彼らが合衆国にやってきた理由や事情は説明されないまま、鉱山や鉄道建設現場での労働者として登場する。その生活や文化、社会に対する貢献、労苦、生活改善への希求などには言及されない。そしてラテン系住民に関しては、植民時代にアメリカに到着したスペイン系の人びとのみが取り上げられている。また総じて、アジア系やラテン系の移民の背景を、ピルグリムたちのそれと同様にみなす視点は欠落している。

先住民・黒人・移民に関する情報の質は、一九八〇年代の教科書において一九五〇年代的なものへと後退しており、白人・男性・国家主義的なカリキュラムへの回帰が見出されるとするのが、スリーターとグラントの教科書分析の知見である。一九六〇年代後半から七〇年代初期にかけての多文化主義的な教科書を求める動きを「通り雨」であったとする判断を示しつつ、彼らは一九九〇年代初頭の時点で状況

ラテン系住民(Latino)
中南米からの移民者は、主にスペイン語の話者であることから、ヒスパニック(メキシコ出身者はとくにチカーノ)とよばれてきたが、ブラジルなどの非スペイン語圏出身者を含めたラテンアメリカ圏出身者全体を指す概念として、ラティーノという呼称が用いられる

ピルグリム(Pilgrim)
最初の入植者。巡礼始祖。一六二〇年にメイフラワー号でアメリカ大陸に渡り、プリマスに居を定めたピューリタンの一団が、Pilgrim Fa-

thersである

を次のように総括している。

「多文化的な教育内容を教科書に求める」かの動きは止んでしまったのかもしれない。我々は反動の時代に入ったのかもしれず、それはより白人・男性主義的なカリキュラムへの回帰だということができる。このことは、浅薄な社会認識と狭量な歴史および文化の感覚しかもち合わせない市民をつくり出し、下層階級の子どもたちや非白人の子どもたちを学校から疎外することになるという意味で、極めて危険なことになるだろう。〔Sleeter and Grant 1991 101〕

(4)　ナショナルスタンダード策定の試み

だが保守主義ないし国家主義の立場をとる人にいわせれば、現にアメリカ社会にはそのなかで成功するために必要な文化や能力があるのであり、マイノリティに主流文化を与えることをせず周辺文化に誇りをもつことだけを教育することは、かえって彼らを社会の周辺部に置き去りにすることになる。マイノリティの救済は彼らに対する主流文化の正当な伝達によってこそ可能になるとするのが、彼らのいわゆる現実主義である。そこで一九八〇年代末から一九九〇年代半ばにかけてのアメリカの教育改革においては、全国ないし州レベルのカリキュラムスタンダードの策

ナショナルスタンダード（national standards）
教育内容についての全国共通の基準。『危機に立つ国家』以来指摘される、教育制度の荒廃と学力低下の状況を立て直すために、開発がめざされた

定と、その達成度を測定するための全国テスト・州テストの導入がめざされることになる。この動きは、やはり共通文化の復権と教育による文化的統合を自説としていた、ニューヨーク大学の教育史学者ダイアン・ラヴィッチがジョージ・H・W・ブッシュ政権における教育次官補を務めたことによって、強く推し進められた。教育省が一九九一年に発表した報告書『二〇〇〇年のアメリカ――教育戦略』では、主要教科のナショナルスタンダードと達成度テストの実施が掲げられ、それが一九九〇年代のアメリカの教育改革の柱の一つとなっていく。

しかしまた、多文化主義にもとづく教育を推進する側も、国家規模の教育行政の力をいたずらに不要とするばかりではない。たとえば多文化教育の実践的理論家であるジェームズ・バンクスは、「多文化教育は、国の将来の市民すべてが二一世紀を生き抜くために必要な知識や態度、スキルを獲得するために必要である。それは国民の存亡に関わっているといってもよい」といったいい方をする〔Banks 1999 34＝一九九九 五六〕。多文化主義を、ナショナルな枠組みにもとづいた社会の新しい構成原理として構想する者は少なくなく、その意味では教育の枠組みに関しては保守主義者との対立が表面化しない場合も多い。社会の多様性についての認識が組み込まれるのであれば、ナショナルスタンダードは容認されるのである。

一九八九年、ブッシュ大統領の呼びかけで全米の州知事による教育サミットが開

かれ、幼稚園から高校までの歴史教育の基準づくりの必要性が論じられた。これにより連邦議会はナショナルスタンダードプロジェクトを検討する評議会を構成し、一九九二年、連邦教育省と全米人文科学基金の共同資金でそれが始動した。当時の国防長官ディック・チェイニーの妻であるリン・チェイニーが基金の議長として歴史についての責任を負い、実際の作業のためには、カリフォルニア大学ロサンゼルス校の多文化主義に立つ歴史家ゲアリー・ナッシュらをリーダーとする歴史家および歴史教育家たちからなる作業部会が組織された。

一九九三年に誕生したクリントン政権においても、超党派的な支持のもとに基本的に前政権の教育政策が引き継がれ、歴史教育のナショナルスタンダードは一九九四年秋に完成した。ギャラップ社の世論調査によれば、五分の四のアメリカ人がこのスタンダードの全体的なコンセプトに賛成したという。しかし公表の直前に、プロジェクトを率いる立場にあったリン・チェイニーがその内容への批判を開始し、ゲアリー・ナッシュらが構想した多文化主義にもとづく多元的な歴史像が、社会的な論争の焦点に挙げられた。価値の一元化を求めた保守派からの批判は根強く、このスタンダードは一九九五年に上院議会において採用が否決された。ナッシュらは一九九六年に改訂版を提出したが、共和党が多数を占める連邦議会では賛成を得られず、改訂版も公的に認知されずに終わった。

もとよりこのスタンダードは連邦政府と五〇州の州知事との合意にもとづいて始動したものであり、行政上の強制力を期待されたものではない。クリントン政権は各州の自主的な教育改革に対する支援を行う方針へと転換し、各州への補助金の配分を始めることとなった。ナショナルスタンダードで策定された歴史教育の目標・内容・展開方法はそこで一つの指針となり、州によっては歴史教育基準や教科書選定基準を改めるところもあった。そのような形で以後も二〇〇〇年代にかけて、統一的な知識の基準の整備が行われ、その内容をめぐるせめぎあいが継続されていくことになった。

(5) 多文化主義の隘路

ただしナショナルスタンダード策定の試みについては、多文化主義に立つ側の人びとからも、マイノリティの経験が十分に反映されていないとの批判が出されたことは重要である。そのプロセスにおいて、多文化主義者のあいだにも克服しきれない溝が露顕したのである。スタンダードの実際の作成を導いたゲアリー・ナッシュは多文化主義者であり、さまざまな立場の人びとの歴史的な姿を可能な限り対等に扱おうという観点から、自身も多くの教科書の執筆を行っている。しかしこの時期にナッシュが直面したのは、彼が提示する歴史像に対して諸々のマイノリティグループがつきつける、それぞれの歴史を「軽く扱いすぎる」とする批判であった。あるマイノリティに関する歴史はそのマイノリティ自身が書くべきである、とする認識がその種の批判の根底にはあり、その意味ではナッシュの歴史像も「人種差別的」とされたのである。

しかし教科書やカリキュラムには物理的な分量の制限があり、その作成のためには時間的な制約もある。そのように限られた全体性のなかで、あらゆるマイノリティに関する歴史的事象をあらゆる利害の側面から政治的に対等に、また分量的にも平等に描ききることは原理的に不可能である。その意味では確かに、シュレジンガーが指摘するような分離主義的傾向が多文化主義者たちにはあったといえる。多文化主義者を結び付けていたのは「郷愁の欠如」という基本姿勢だけであったと、モローも述べている。

一九六〇年代に学生活動家として左翼運動を導いたトッド・ギトリンは、その著書『アメリカの文化戦争』のなかで、一九九〇年代の多文化主義にもとづく運動が個別のアイデンティティに固執しすぎたこと、見解の違いを調整して共通の立場に立とうとする試みが一切なかったことを批判している。政治的にリベラルな信条を共有しているはずの人びとのあいだで部分的な利害の対立が重ねられ、全体としての理念の提示ができなかったのである。彼は次のように問題を総括している。

異なる人種、異なる性、異なる性的傾向、異なる宗教、異なる階級の共生をめざす左翼の理想、その意味では国家の理想でもあるはずの理念はどうなってしまったのか。そのような左翼の平等理念を分かちもつべき貧しい人びとやマイノリティの人びとが真っ先にそれを否定して放棄するとはどうしたことか。なぜかくも多くの人が周辺性に固執して、それを正当化する理論を作り出すためにかくも多大の知的労力を傾注するのか。なぜかくも峻烈、怨念、不寛容の態度で違いを強調し、共通の知識、共通の夢の可能性を排除してしまうのか。〔Gitlin 1995 32 =二〇〇一 四四〕

一九九〇年代、革新派の批判の矛先は保守派に向けられるのではなく、同じく保守派に反対している人びとのなかの、共通性が必要だと考えている部分に向けられたのである。それがために共通性についての提案はもっぱら保守主義者やナショナリストによってなされることになり、そこでは共通性が国家的価値として語られていることの問題を主題化することも難しくなった（すなわち、より普遍的な価値にもとづく全体性・共通性の模索がなされなかった）。文化戦争のなかで顕わになったことは、革新的思考総体の衰退の姿であり、勝利は誰のものにもならなかったというのが、ギトリンの指摘である。

喫茶室

歴史叙述のアポリア（難点）

歴史を叙述することにはそもそもの解き得ない矛盾があり、たとえば二四時間のあいだに起こったことを二四時間で語ることは、どのような人間によっても、またどのような語り口によっても不可能である。事象を記述するための語り口は常に無限に設定することができ、かつ解釈は無限に増やすことができる。したがってある歴史叙述は、ある事象の一局面を特定の立場から説明したものという限定性を常に帯びる。

そのうえ学校教育において扱われる教育的知識には、学習時間の総量や教員と生徒のコミュニケーションのあり方など、語られる歴史事象を限定する要因が加わる。さらに、学校で扱われる教育的知識は、具体的なものから抽象的なものへ、単純なものから複雑なものへと体系的に配列されていることを期待される。教科書を始めとする教育教材は全体としての定められた分量のなかでこの序列を実現しなければならない。

歴史叙述のための素材と方法は多様に存在するのに対し、それを実際に表現するための手段は限定されているという意味で、歴史事象と歴史教育で伝えられる情報とのあいだには、ボトルネック状の関係が常に存在することになる。それゆえに、特定の教育的知識の正当性をめぐって歴史教科書論争が繰り広げられることになるのである。

第三章

一九九〇年代の歴史教科書におけるアメリカ像

一　教科書の変貌

第一章と第二章では、アメリカ社会で歴史教育や教科書のあり方をめぐって議論されたことを辿ってきた。この第三章からは、そのような議論が具体的にどのような形で教科書に定着したのかを、いくつかの重要な問題点に即して検討していきたい。筆者が収集した一九五〇年代以降の歴史教科書、副読本、ワークブックなどの教材資料をもとに、時代ごとの全体的な傾向と特徴的な記述を提示していこう。

文化戦争において、保守主義者は西欧由来の歴史や伝統の復権を求めた。文化的ナショナリストは多文化主義の分離主義的傾向を批判しつつ、ナショナルアイデンティティの中核たる価値をやはり西欧由来の理念に置いた。しかし他方でアメリカ社会の多文化化は不可逆的に進行しており、一九九〇年代においても合法的移民者だけで毎年平均で九〇万人が流入している。アメリカは文化戦争の最中にも、またそれ以後においても、人種構成の多元化を経験し続けているのである。歴史教育に西欧由来の歴史や伝統や理念を求める政治的な主張や、そのように多元化し続ける社会を描き出そうとする主張は、歴史教科書にどのように反映しているのだろうか。

そこでまず、これまでに言及してきた歴史教科書に関する研究を裏付け、アメリカの歴史教科書の内容の変化を全体的に把握するために、教科書の画像分析の結果を見てみたい。「画像分析」とは、教科書に掲載されている絵画や写真に誰が描かれているのかを人種ごとに類型化して記録・計数し、それを根拠に各人種グループによる教科書の情報の支配率を把握する手法である。筆者が入手した一九九〇年代までの教科書のうち、一巻本としてアメリカ通史を扱っているものを取り上げて画像分析を行ったところ、表1の結果が得られた。

この表では、各教科書のなかの各人種の画像の数と、各教科書の画像総数に占める、①白人の画像の割合、②諸マイノリティの画像の割合、③人種に関して不特定な画像の割合が示されている。

表1　画像計数結果と、総数に占める各人種カテゴリーの割合

刊行年	教科書のタイトル	各教科書のなかの画像の数							画像総数	画像総数に占める割合（%）		
		白人 (a)	ネイティブ (b)	黒人 (c)	アジア系 (d)	ラテン系 (e)	人種混合 (f)	人種曖昧 (g)	(h)	①白人 a/h	②マイノリティ (b + c + d + e)/h	③人種不特定 (f + g)/h
1952	They Made America Great	52	0	1	0	2	12	1	68	76.5	4.4	19.1
1961	Rise of the American Nation	260	5	3	3	3	17	13	304	85.5	4.6	9.9
1964	History of a Free People, 5th ed.	212	3	2	5	0	16	20	258	82.2	3.9	14.0
1964	A History of the United States Since 1865, 2nd ed.	125	2	2	3	0	12	14	158	79.1	4.4	16.5
1964	This Is America's Story, Revised ed.	255	12	5	4	12	33	20	341	74.8	9.7	15.5
1966	This Is America's Story, 3rd ed. (with Teacher's Guide)	253	12	11	5	12	34	21	348	72.7	11.5	15.8
1966	A history of the United States	268	8	13	4	2	44	39	378	70.9	7.1	22.0
1967	Story of the American Nation, 2nd ed.	242	5	9	6	7	44	23	336	72.0	8.0	19.9
1967	Discovering American History	116	1	5	1	2	8	15	148	78.4	6.1	15.5
1969	A New History of the United States: An Inquiry Approach	2	0	0	0	0	0	0	2	100.0	0.0	0.0
1970	The Americans: A History of the United States	83	1	26	5	2	44	45	206	40.3	16.5	43.2
1972	Inquiring About American History: Studies in History and Political Science	82	13	20	2	8	30	24	179	45.8	24.0	30.2
1974	Freedom and Crisis: An American History	242	18	19	8	6	57	47	397	61.0	12.8	26.2
1978	These United States	167	7	26	10	1	46	29	286	58.4	15.4	26.2
1981	A History of Our American Republic, 2nd ed.	239	25	40	16	16	63	34	433	55.2	22.4	22.4
1983	Our American Heritage	196	6	15	9	7	42	41	316	62.0	11.7	26.3
1985	A History of the United States, 2nd ed.	102	10	11	2	0	36	18	179	57.0	12.8	30.2
1986	Triumph of the American Nation (revision of Rise of the American Nation)	243	11	23	4	4	50	23	358	67.9	11.7	20.4
1986	The American Nation	251	23	26	6	11	59	21	397	63.2	16.6	20.2
1986	Exploring American History, 2nd ed.	206	15	26	7	10	67	15	346	59.5	16.8	23.7
1988	United States History, Annotated Teacher's ed.	343	11	50	13	14	70	65	566	60.6	15.5	23.9
1990	The United States: A History of the Republic	223	21	31	11	14	84	33	417	53.5	18.5	28.1
1990	One Flag One Land	241	13	28	9	11	78	64	444	54.3	13.7	32.0
1990	The American People: Creating a Nation and a Society, 2nd ed.	216	15	41	5	11	73	36	397	54.4	18.1	27.5
1991	History of The United States	351	14	48	21	11	62	31	538	65.2	17.5	17.3
1992	A History of the United States	245	15	27	12	10	49	52	410	59.8	15.6	24.6
1993	The National Experience: A History of the United States, 8th ed.	294	6	37	10	8	49	42	446	65.9	13.7	20.4
1994	The United States, Brief ed., 4th ed.	28	5	10	1	1	11	5	61	45.9	27.9	26.2
1994	The American People: Creating a Nation and a Society, 3rd ed.	177	12	37	6	12	77	31	352	50.3	19.0	30.7
1994	Exploring American History, Annotated Teacher's ed.	115	16	14	4	14	63	17	243	47.3	19.8	32.9
1996	Nation of Nations: A Concise Narrative of the American Republic	81	4	13	4	4	17	11	134	60.4	18.7	20.9
1996	A People and a Nation: A History of the United States, 4th ed.	26	4	5	1	4	21	5	66	39.4	21.2	39.4
1998	Nation of Nations: A Narrative History of the American Republic, 3rd ed.	226	18	37	14	9	55	31	390	57.9	20.0	22.1
1998	The American People: Creating a Nation and a Society, 4th ed.	188	11	42	10	8	75	47	381	49.3	18.6	32.0
1999	Making America: A History of the United States, 2nd ed.	210	25	36	9	11	62	23	376	55.9	21.5	22.6

マイノリティ革命（minority revolution）
黒人解放運動に端を発する反差別運動は、一九六五年の新移民法以後の状況で諸マイノリティの権利獲得運動に続いていく。この一連の流れをマイノリティ革命とよぶ

バックラッシュ（backlash）
政治的・社会的な巻き返し。激しい反動

この結果からは、次の三つのことが理解できる。第一に、画像総数に占める白人の割合が一九七〇年以降の教科書において明らかに低下していることである。一九六〇年代以前に作成され改版されてきた教科書においては、いずれの場合も白人画像の割合が七割を上回っていた。しかしマイノリティ革命と移民法改定の時代を経て、歴史教科書がアメリカの歴史を「白人の歴史」として語る度合いは、相対的に低下したと理解することができる。

この表からの第二の知見は、しかしながら一九八〇年代に出版されたものには、白人の画像をやや多く採用しているものが多いということである。白人画像が六割を越えるものに注目してみると、それが一九八〇年代に多いことがわかる。また同時に一九八〇年代の教科書は、一九九〇年代の教科書に比べてマイノリティの画像と人種不特定の画像が少ないことも特徴としている。スリーターとグラントが指摘した一九八〇年代におけるバックラッシュは、この結果からもうかがうことができる。

最後に、一九九〇年代の教科書がマイノリティの画像を多く含み、「人種混合」「人種曖昧」にカテゴライズされる画像を増加させていることを、第三の知見として指摘できる。一九九〇年代の教科書においては、先住民と植民者の出会いの時代から現代にいたるまで、複数の人種・民族が混在している絵画や写真が増加し、ま

ステレオタイプ(stereotype)
社会のなかで広く受容されている、特定の対象に関する単純化・固定化された観念・イメージ。好悪・善悪などの感情的評価をともなう

ナショナルヒストリー(national history)
「日本の歴史」「アメリカの歴史」など、国家・国民の単位で叙述される歴史。国民史

た労働者、軍人、群集の画像については、後ろ向きの姿や、帽子やヘルメットを深くかぶった人物の画像が選ばれ、特定の人種グループについてのステレオタイプを喚起させにくくなっているのである。

以上のことから概括できるのは、フィッツジェラルドが指摘するような、「白人の中流階級以上の男性」を「we」と称していたアメリカの歴史像は、一九七〇年代に入る頃に変化を生じさせているということである。また一九八〇年代には揺り戻しが見られつつも、一九九〇年代に入るに至って歴史像はさらに多元性を展開させていることになる。

(1) 一九九〇年代の教科書の検討ポイント

一九九〇年代には、歴史教育のナショナルスタンダードの策定が試みられるなど、歴史を教育する際の共通の枠組みが設定される傾向が強まっていた。その枠組みは多くの場合ナショナルな枠組み、すなわち「アメリカ人」や「アメリカ史」といった捉え方を前提にした叙述の枠組みであったが、多文化主義に立つ人びとにもその点は共有される場合が多く、また彼らにそれ以外の共通性への志向性が希薄であったこともあり、ナショナルヒストリーとしての歴史像が維持された。

そこで問われるべきポイントになるのが、再びマイノリティの姿を多く取り上げ

るようになった一九九〇年代の歴史教科書が、マイノリティをどのように「アメリカ人」という統合概念と結び付けているのかということである。「アメリカ人」の一員としてその自明性を補強する存在として描かれるのか、それとも「アメリカ人」の含意に何らかの変化を与える描かれ方をするのか、ということである。

この問いにとって有効な分析の枠組みは、エリック・マグヌソンの「アメリカの政治文化におけるイデオロギーの衝突――市民社会の言説とアメリカ史教科書におけるアメリカの国家的語り」という論文から得ることができる。この一九九七年の論文でマグヌソンは、歴史についての「国家的語り（national narrative）」がもはや素朴には採用されない状態に至ったと指摘する。ここでいわれる「国家的語り」とは、「我ら国民」が主人公となり、「最初の真の民主主義国家」としてのアメリカを、あるいは「民主的な理想郷を探求する使命をもった開拓者たち」としてのアメリカ人を描くものである。だがそのような歴史の語り口は、市民社会をめぐる議論の成熟につれてより厳密に再編されることになった。その再編の焦点が、過去に対する「崇拝的態度」と「批判的態度」、社会の「階層性を擁護する態度」と「平等性を擁護する態度」の二つの対立項である。そしてこれらの対立項のそれぞれの前者を採用したものとして「国家主義的語り（nationalist narrative）」が、それぞれの後者を採用したものとして「革新的語り（leftist narrative）」が派生しているとする。

マグヌソン自身はこの論文のなかで、一九九〇年前後に発行された三種の歴史教科書を取り上げて、それぞれの「ボストン『虐殺』事件」「ジョージ・ワシントン」「反印紙条例暴動」の記述のなかに、いかに上記の二つの「語り」が応用されているのかを分析している。その分析を通してマグヌソンは、アメリカ独立革命の時代の「英雄」がもはや素朴な「国家的英雄（national heroes）」ではあり得ず、「アメリカの国益に貢献したアメリカの英雄（American heroes）」であるか、あるいは「法を制定し権利を確定した市民的英雄（civic heroes）」のいずれかとして語られるという現象を指摘している。

以下では、歴史の語り口についてのこのような指摘に沿いながら、一九九〇年代の歴史教科書に描かれる先住民・黒人・ラテン系住民の特徴を提示したい。

二　コロンブス到着以前のネイティブアメリカ人

アメリカにヨーロッパ人たちがやってくる前の先住民について、筆者が入手した一九九〇年代の教科書はいずれも基本的に同種の内容と語り方を採用していた。マグヌソンによれば、メアリ・ノートンが筆頭執筆者となっている『A People and a Nation: A History of the United States』とゲアリー・ナッシュが筆頭執筆者である『The American People: Creating a Nation and a Society』はともに合衆国の中等教育における採択率の上位四位に常に入り、前者はマグヌソンのいうところの「国家主義的語り」を、後者は「革新的語り」を反映しているとされる教科書である。筆者は前者の一九九六年版と、後者の一九九〇年版・一九九四年版・一九九八年版を検討し、またアーサー・シュレジンガーが執筆者の一人となっている『The National Experience: A History of the United States』の一九九三年版も比較したが、アメリカ先住民について提供される知識については際立った相違は見出せなかった。

それらを含む一九九〇年代の歴史教科書はほぼすべてが、コロンブス到着のはるか以前の時代から歴史を語り始め、氷河期のベーリング陸橋を経由した、アジアからアメリカ大陸への人間の移動を地理学や考古学の成果として説明し、その人びとが「最初の北アメリカ人」であるとする。シュレジンガーらの教科書は「ベーリング海峡」を「最初の移民」が渡って来たとするが、アジア圏を含む環太平洋地域の文化が原始のアメリカでの人間生活に強い影響を与えていたとする点では他の教科書と変わらない。結果として、ダニエル・ブアスティンらの『A History of the United States』（一九九〇年版）が述べるように、「何百万人ものネイティブアメリカ人がすでにここにいたのである！　コロンブスや後にやってきた他のあらゆる船乗り・探検家・移住者たちは、彼らにとってのヨーロッパの『発見』をもたらしたのである！」という視点が採用され、アメリカ史は「アメリカという土地」の歴史として語られることとなった。

記述は次に、氷河期の終了と気候の変化についての言及へと進み、その生活環境の変化に伴ってネイティブアメリカ人の社会形態が分化していったことが解説される。ジェームズ・デイヴィッドソンらの『The United States: A History of the Republic』（一九九〇年版）は、「気候の変化は先史時代の人びとに生活様式の変化を迫ることとなった。ある地域が高温な乾燥地帯になりまた別の場所が温暖で湿潤になるのにつれて、異なる地域に居住する人びとがそれぞれに異なる生存の技術を発達させる必要が生じた」という因果的説明によって、ネイティブアメリカ人の生活様式の多様性を表現している。一五〇〇年代までに、ネイティブアメリカ人たちがそれぞれの社会の規模と複雑さ、話される言語、社会組織の形態の面で、極めて多様な生活を営むようになっていたこと、そしてそのような多様な生活様式を有する諸集団を繋ぐものとして、アメリカ大陸のあらゆるところに地域間を結ぶ公益ネットワークが形成されていたことなどを、一九九〇年代の教科書は詳説する。ネイティブアメリカ人の経験世界をこのように表現し、ヨーロッパ人たちの世界秩序と異なる社会空間の存在を示すのである。

諸々の人間社会のあいだの多様性を語ることは、多文化主義的発想の典型的な表れである。ヨーロッパからやってきた人びとの文化は、アメリカ大陸における人間の生活の多様性の一つとして位置づけられているといえる。たとえば、ハーバート・バスらの『One Flag, One Land』（一九九〇年版）に掲載されているヨーロッパ人と先住民の出会いの場面の絵画では、視線が陸地から海のほうに向けられ、こちら側に立つ先住民に対してヨーロッパ人が「向こうからやってくる姿」が描かれている。進歩の概念、農業・製陶・織物の技術、土地所有の観念の解説の際に、ネイティブアメリカ人とヨーロッパ人は対等に対比される。興味深いのは、ほぼすべての教科書において家族制度が対比される際に、ネイティブアメリカ人のそれが母系制であったことが強調される点である。そこで相対化されているのは、ヨーロッパ文化における男性優位の性別階層制である。

一九九〇年代教科書における先住民の記述においてはやはり多元的な視点が採用されており、それによって歴史事象に対する一元的な価値づけが避けられていることになる。そして先住民についての記述では、他ならぬ「アメリカ史」という歴史の括り方についても自己言及的に相対化を図る表現が散見される。たとえばナッシュの教科書では、アメリカ大陸、ヨーロッパ大陸、アフリカ大陸の出会いに関して、「この諸文化の衝突が、我々がアメリカ史として理解するところのものの冒頭の章を構成するのである」という表現が行われる。「アメリカ史」という語り方を採用している点でナッシュの歴史叙述は「国家的語り」なのであるが、その語り方を自明視していないという点では「国家主義的語り」であることをまぬがれている。

また、一九九〇年代の教科書においてはヨーロッパ系の人間を「we」として表現することはもはやなく、「我々」という語は、過去に対して現在を生きる「我々」を指す場合にもっぱら用いられる。なかにはネイティブアメリカ人の世界を説明する際に西暦を用いること自体にも、「キリスト教ヨーロッパの年代指示の方法をつかうならば」という断りを入れる記述もある。

一九九〇年代の教科書のこのような特徴に注意を払うと、「ネイティブアメリカ人」というときの「アメリカ人」にアメリカ「国民」という含意が薄れていることにも気づくことができる。そもそも一九九〇年代教科書においては、「北はアラスカ山脈から南アメリカの先端まで」の地域が「アメリカ大陸（the Americas）」として表現されており、そこに住んだ人びとの全体が「ネイティブアメリカ人」と呼称されている。その歴史として語られる内容には「アステカ帝国」や「インカ帝国」に関する情報も含まれており、そのような全体像のなかでは「ネイティブアメリカ人」は、「アメリカ合衆国」に先住していた人びとというよりは、「アメリカ大陸」に先住していた人びとを指し示す言葉となる。「コロンブス到着以前のネイティブアメリカ人」はそのように「アメリカ人」という概念に接続されていることになる。

三　アメリカ独立革命時のアフリカ系アメリカ人

「アメリカ人」の概念の再編は、アフリカ系アメリカ人についての記述にも同様に見出される。たとえば独立革命時の黒人たちの働きに関して、一九八〇年代の教科書にはボストン虐殺事件でイギリス軍に銃殺されたクリスパス・アタックスが頻出し、合衆国成立への黒人の貢献が強調され始めていた。ただしそこでの黒人についての情報が「白人の歴史」の添え物のようなものであったことは、スリーターとグラントが指摘したとおりである。この点に関して一九九〇年代の教科書はさらなる変化を見せており、かつその内容と語り方にはどの教科書にも同様の傾向が見られる。

まず叙述の前提として、合衆国成立への黒人の貢献は当然のこととして語られる。クリスパス・アタックスについては、「アフリカ系アメリカ人とネイティブアメリカ人の祖先をもつ水夫」としてボストンでのその死が語られ、イギリス軍へのスパイ行為を行ったヴァージニアの奴隷ジェームズ・アーミステッド・ラファイエット

ボストン虐殺事件(Boston Massacre)
一七七〇年三月五日、マサチューセッツのボストン市駐留のイギリス軍と市民が衝突し、軍が群集に無差別に発砲、五名が射殺された事件。独立戦争への導火線となった事件の一つ

独立戦争（Revolutionary War）
一七七五〜八三年。イギリス本国とアメリカ一三植民地のあいだの武力抗争。一三植民地は七六年に独立を宣言。八三年イギリスはアメリカ独立を認めた

は、その「功績」が認められて州議会から自由を与えられたとされる。レキシントン、コンコード、バンカーヒルでの黒人兵士の勇敢さは著しいものであり、「ロードアイランドでは、アフリカ系アメリカ人たちが黒人連隊を形成した」ことも強調される。独立戦争における黒人の存在は、このようにして独立革命の語りのなかに浸透している。一九九〇年代の教科書が特徴的なのは、このような前提のうえに、アフリカ系アメリカ人自身の視点と判断が解説されていることである。

革命の勃発時、奴隷たちはジレンマに直面した。終身的隷属状態から抜け出すという彼らの目的をどのように追求することが最善であろうか？　彼らの白人の主人たちと共に戦うべきであろうか？　それとも彼らに対して戦うべきであろうか？　正しい選択というものがすぐには明白にならないまま、アフリカ系アメリカ人たちはさまざまに異なった決定を下した。（ノートンら『A People and a Nation』一九九六年版）

社会的な差異とそこから導かれる階層性を擁護し、そのために過去を崇拝的態度で描くのが「国家主義的語り」であるならば、この一節においてはノートンらの教科書はそれを採用していない。アフリカ系アメリカ人の状況認識を提示することで、

黒人という存在を下位に配置した白人の階層的世界観からは逸脱する歴史の語り方を採用しているからである。

そしてまた、多くの教科書は戦闘に参加しなかったアフリカ系アメリカ人の存在や、イギリス側に加勢した者たちの存在についても言及する。たとえば、ジョン・オコナーらの『Exploring American History』（一九九四年版）は、「戦争が終わったとき、新しい州政府は大陸軍で戦ったほとんどの奴隷たちに自由を与えた。しかしより多くのアフリカ系アメリカ人たちは戦闘に参加しなかった。それゆえ、ほとんどのアフリカ系アメリカ人たちは戦争が終わったときにもなお奴隷であった」とする。アフリカ系アメリカ人たちが革命に際して選び取った行動のバリエーションに関しても、イギリス軍内部でのイギリス人たちと黒人たちの関係、イギリス軍に参加した者たちが戦後にカナダや西アフリカで建設した自治区の存在とその末路、さらにはアメリカ南部や西部においてネイティブアメリカ人の諸部族に吸収されていった黒人たちの様子が、知識として与えられる。ここでは、アフリカ系アメリカ人とカテゴライズされた人びとによって合衆国内外で展開された諸活動が、彼ら自身の視点と判断にもとづいて描かれるのである。

アフリカ系アメリカ人たちにとって、自由を求める掛け声は独立革命が始まる

パトリック・ヘンリー(Patrick Henry)
一七三六〜九九年。アメリカ独立の指導者。「自由を与えよ。然らずんば死を」という言葉が有名

サミュエル・アダムズ(Samuel Adams)
一七二二〜一八〇三年。アメリカ独立の指導者。一七七三年のボストン茶会事件を計画し、大陸会議では独立論を主唱した

ずっと以前から馴染みのあるものであった。奴隷の反抗や反乱が何十年ものあいだ続いていたことは、黒人の開拓者たちが自由というものの価値を認識するためにパトリック・ヘンリーやサミュエル・アダムズの感動的な言葉をことさらに必要としなかったことを示している。むしろ多くの奴隷たちは独立革命を、ある種の伝染病的な熱情か、そうでなければ帝国主義的戦争だと考えていた。彼らはそれを、彼ら自身の自由を獲得するための潜在的な機会と見なしたのである。自由黒人たちも同様に、一七七六年以前に拒絶されていた公民権を獲得するための良い機会として、独立革命を把握していた。アフリカ系アメリカ人たちは独立宣言の前に、すでに大陸の急進派の内にある諸矛盾を指摘していたのである。(キャロル・ベアキンら『Making America: A History of the United States』一九九九年版)

アフリカ系アメリカ人の視点が採用されることにより、ここで独立革命の像は複数の視点から把握できる異なる様相が絡み合うものとなっている。そしてそれは、白人の視点のみを採用した一元的な歴史像では把握できなかった、白人たちの思想の内部にある諸矛盾を明瞭に浮き上がらせることになった。革命前後の大陸で白人が成立させていた現実的秩序と、白人が唱える正義の理念とのあいだの矛盾は、た

とえばシュレジンガーらの教科書においても、「しかしアメリカ人たちは未だ彼らの平等主義的綱領の人種主義的な意味に直面するまでに至らなかった。奴隷制の法的な廃止を準備する州は南部にはなかった。ジェファーソン自身が彼の生涯を通して奴隷たちを所有し続け、南部の奴隷たちは合衆国全体の主要輸出品の源となる労働をし続けた」と語られる（『The National Experience』一九九三年版）。

一九九〇年代の多元的な叙述は以上のように、アメリカ独立革命という一連の出来事をきっかけとしてアメリカの内外に広く展開された、黒人の精神的・身体的諸活動を広く包含する歴史像を成立させている。その際、「アメリカ」「アメリカ史」というナショナルな枠組みに依拠した歴史の語り方は確かに「アメリカ」の含意自体を拡大しているのだが、それと同時に、かつての含意の見直しがより鮮明になっていることに留意する必要がある。

四　一九六五年移民法とその社会的帰結

「アメリカ人」や「アメリカ史」の含意の拡大的再編が、かつてのそれに対する批判とともに表明されることは、一九六五年以降の大量移民による社会変動についての記述にも表現されている。

一九二四年の移民法（Immigration Act of 1924）
一八九〇年時点で合衆国に居住していた者の、出身国ごとの総数の二パーセントまでに、その国からの新たな移民の毎年の受け入れ枠を制限する法令。また「帰化不能外国人」であるアジア人の移民を不可能とした

まずほぼすべての教科書で「アメリカの歴史を通して、移民者の波はこの国を変化させてきた」という歴史観が提示され、一九六五年の移民法改定以降の人口増加によって「アメリカ」という概念がほとんど別のものに変わったこと、またそれ以後も変わり続けていることが強調される。この変化については、ノートンらの教科書は白人と諸マイノリティグループのあいだにある社会的葛藤を紹介し、過剰なアファーマティブアクションに対して白人の側から逆差別の告発があることを強調している。しかし他の教科書においては、新移民はたとえば「新しいピルグリム」と称され、「アメリカの生活を共有している多くのエスニックグループは、この国の文化を大いに豊かにしている」との解釈枠組みが与えられる。

そして一九六五年移民法とその帰結を以上のように語る教科書は、必然的に一九六五年移民法にとっての克服の対象であった一九二四年の移民法を批判することになる。それは人種差別の合法化であったとして、「外国人嫌いの」「排斥主義的な」あるいは「差別的な」といった言葉で形容される。かつて「アメリカ人」を規定するものであったこの旧移民法は、その「アメリカ人」の含意が再編されることによって批判の対象となったのである。

しかしながら、エスニシティに関連した問題の現状を解説する件りにおいては、いくつかの教科書において「国家主義的語り」が顕著になる。そのような問題とし

て取り上げられるのが、一九六〇年代以降に顕在化したラテン系住民の急増である。たとえば、カリフォルニアの農場労働者たちを組織してラテン系農民の生活環境を改善したセサル・チャベスの功績については、シュレジンガーらの教科書も「英雄的な努力」と表現している。だがラテン系住民のごく短期間での急増やその集住地の存在に関しては、彼らの性質の「本質」にその理由を求める教科書と、アメリカ社会全体の「構造」にその理由を求める教科書との、相異なる語り方が見出されるのである。

まずノートンらの教科書では、「二〇世紀半ば以降のラテン系移民の不均衡な流入は、彼らの高い出生率ともあいまって、一九七〇年代までにラテン系住民たちをアメリカでの最も急増するマイノリティグループに押し上げた」と状況を概括し、アメリカで彼らを待ち受けていたのが貧困と言語の壁であったと指摘する。そして、「ラテン系の人口がより多くなるほどに、［ラテン系住民に対する］差別がより広まっていくことになった」との解説を加えるのである（『A People and a Nation』一九九六年版）。ここでは差別の原因がラテン系住民の増大自体に求められ、またその人口増大の一因が彼ら自身の高い出生率という生活文化に求められていることが特徴的である。ある社会的な問題状況を理解する際に特定の人間類型の内部に説明要因を求める本質主義的な発想が、ここでは採用されている。

ゲットー(ghetto)
ヨーロッパの多くの都市に存在した、ユダヤ人の集住地区。転じて、社会的に孤立した集団が他の住民から離れて居住する、明確な境界を確立した区域

シュレジンガーらの教科書もまた同様である。一九八〇年代のラテン系住民の増大が他の人種グループの五倍の速さで進行したこと、その数の力をもって政治力を突出させていることが強調される。それに付け加える形で、「ヨーロッパ系あるいはアジア系の移民たちとは対照的に、ラテン系の人びとは英語を学ぶのに熱心ではない」と類型化し、彼らが求める二言語主義（バイリンガリズム）はホスト社会への適合力を引き下げるために新移民たちをかえって不利にし、かつ「国を言語ごとのゲットーへと断片化する恐れがある」との懸念を提示する。ここでもまた、エスニックな問題状況の原因をマイノリティグループの内的な性質に求める説明が行われる。そしてその語り方により、過去と現在が次のように対比される。

かつてのヨーロッパからの移民たちのほとんどはアメリカ人になることを意図して合衆国へやってきたものであった。彼らの目的は同化だったのである。しかしラテンアメリカやアジアからの多くの新移民たちは、……エスニックなカルトへの参加を行っている。そのようなカルトは、旧来の相違点を維持することを強調する。それがあまりに強調されると、そしてしばしば実際にそうなのであるが、多元主義というものはアメリカのナショナルアイデンティティという概念と対立することになるのである。（シュレジンガーら『The National Experience』一九九三年版）

ここでは、ナショナルアイデンティティは多元主義と適合し得ない部分があるとされており、そのナショナルアイデンティティを構成する存在とそうでない存在とが、同化を目的としたヨーロッパ系移民とカルト志向の新移民の例でそれぞれ示される。「コロンブス到着以前のネイティブアメリカ人」や「独立革命時のアフリカ系アメリカ人」に関しては「国家主義的語り」を比較的強調しなかったノートンやシュレジンガーらの教科書であったが、取り上げる歴史事項が今日的問題である場合には、このような語り方がなされることになる。

しかしその他の多くの教科書では、新移民との文化的摩擦の原因が社会構造の問題に求められているといえる。たとえばジェームズ・デイヴィッドソンらの教科書では、新しい文化と新しい言語に順応することが新移民にとって難しい課題となっているとする点では、ノートンらの教科書と同様の問題状況を描いている（『American Journey: The Quest for Liberty Since 1865』一九九二年版）。だがラテン系住民の側にアメリカ社会への参入の意図が見られないとは説明しない。「第三次産業での技能を要する職と、低賃金で技能を必要としない職とに分業していく経済」に適応するための教育・訓練を十分に積んでいないために、ラテン系住民は

「アングロ系や黒人のアメリカ人に後れをとることになり」、社会の下層で生存するための互助的形態として、集住が行われるとする（『Nation of Nations』一九九九年版）。

同様の説明はゲアリー・ナッシュらの『American Odyssey: The United States in the 20th Century』（一九九七年版）にもみられる。この教科書ではラテン系住民とその他の諸グループの類似点と相違点を並置する語り方が用いられている。アメリカ社会はそれらの諸グループが共存するためのネットワークとして表現され、二言語主義はそのネットワークを下支えする理念となる。とくにラテン系住民が集住するのは「経済的社会的圧力のため」であり、その一例として、「ラテン系アメリカ人たちは白人と見なされ、それゆえに彼らは他のマイノリティたちに与えられている法的な保護の多くを受けていない」ことが指摘される。

これらの説明においては、国家は多元主義的な構成が可能なものとして概念化されている。それを阻害する要因は、特定の人間類型の内部にではなく、むしろ諸グループ間の社会的関係の構造に求められている。

五　アメリカ像が再編されるということ

一九九〇年代の教科書が先住民、黒人、ラテン系住民についての情報と「アメリカ人」の概念をどのように結び付けているのかを検討してきた。総じて、ある特定のカテゴリーに属する人びとだけが「アメリカ人」を構成しそれが現在に至るまで一貫して続いているという主張は見出せないといえる。ここで一九九〇年代教科書の傾向を以下の三つに整理したい。

第一に、一九九〇年代の教科書は「アメリカ人」の拡大的再編を図っていることである。とくに「コロンブス以前のネイティブアメリカ人」と「独立革命時のアフリカ系アメリカ人」に関しては、保守的とされる教科書も含めて多元的な歴史叙述の視点を採用し、原始時代以来のアメリカ大陸全体での先住民の諸活動が、あるいは独立戦争前後の黒人の諸活動が、「アメリカ合衆国」によって限定される時間と空間を越えて詳述されていた。もちろん、それらの諸々の情報は「アメリカ」というまとまりを描き出すための、ナショナルな歴史叙述の枠組みを前提としている。しかし「一九六五年移民法」に関する記述の検討を通してみたように、その「アメリカ」というまとまりは、それ自体が常に移り変わるものであると説明される。

第二に、今日的視点からのそのようなアメリカ像の再編は、その意味内容を拡大すると同時に、かつての定義を批判するという傾向を帯びている。「コロンブス以前のネイティブアメリカ人」との関連では、彼らの生活様式や文化・制度を自分たちの経験的認識枠組みのみで把握しようとしたヨーロッパ人が批判される。「独立革命時のアフリカ系アメリカ人」との関連では、革命の理念であった「自由」をイギリス人に対して要求しつつも、先住民や黒人にはその「自由」を与えなかったアメリカの白人たちの自己矛盾が批判された。また一九六五年移民法によってもたらされたアメリカの文化的多様性は、一九二四年の旧法とそれを支えた人種差別的思想を批判することにより、称揚されることになったのである。

そして第三に、「アメリカ人」の拡大的再編とかつての定義への批判は、現在の多文化状況を説明する図式としても、多くの教科書においては採用されているということである。「ラテン系住民の集住」に関しては、ノートンやシュレジンガーらの教科書が「国家主義的語り」とよべる語り方をしていたものの、そうした語り方がむしろ例外的な事例であった点に、一九九〇年代教科書の「過去に対する批判的態度」および「社会の平等性を擁護する態度」を見出すことができた。

以上が、一九九〇年代の歴史教科書におけるアメリカ像の表現である。スリーターとグラントは一九八〇年代教科書について、有色人種がいつ何故に合衆国に存在するようになったのかについての十分な説明がないとしたが、一九九〇年代の教科書においてはそれが整備されてきている。白人を中心に歴史を叙述する意識は低下し、人種・民族の混淆した集団そのものを「アメリカ」とする傾向が強まっている。多文化主義は、ナッシュらの『The American People』（一九九八年版）において「諸々の異なった価値がより大きなアメリカンアイデンティティを構成することを強調する多文化主義」と定義されて用いられているように、一九八〇年代のバックラッシュを経てなお一九九〇年代の歴史教科書知識に表現されているといえる。

第四章

多元性を称揚する一元性の問題

一　歴史教科書のなかの日系アメリカ人

ここではもう一つのマイノリティのカテゴリーであるアジア系アメリカ人について、とくに日系アメリカ人の歴史教科書における扱いを検討していこう。日系人についての記述を取り上げることには、その歴史的、社会的特性から二つの理由を挙げることができる。

第一に、一九世紀後半から日本人はハワイやアメリカ本土に渡っており、そのため日系アメリカ人は中国系アメリカ人と同様に、合衆国の歴史のうち一〇〇年を優に越える時間を共有している。アジア圏全体からの合衆国への大量移民は一九六五年の移民法改定以降の現象であるため、多くのアジア系グループにはアメリカの現代史以前に登場することが難しいが、日系アメリカ人の場合は歴史教育で扱われるだけの歴史的事実を積み重ねていることになる。

第二に、歴史的経験が長期に及ぶだけでなく、第二次世界大戦の際に集団的強制収容という重要な出来事を経ていることがある。一九四二年に、大統領行政命令にもとづいて北米西海岸からおよそ一二万人の在米日本人・日系アメリカ人が内陸に移送され、一九四六年まで収容所に隔離された生活を余儀なくされた。この措置は戦後も「軍事上の必要性」の名のもとに正当化され、一九四〇年代末に部分的に補償策が行われたものの、損害の認定が厳しく損害総額の一割未満しか処決されなかったという。

その後、一九六〇年代以降の社会の変化のなかで、この問題を「市民的自由（civil liberties）の侵害」とする認識枠組みが、補償請求運動を通して社会的に浸透し始めた。運動の成果として一九八八年に制定された「市民自由法（Civil Liberties Act）」は、「軍事上の必要性」という理由を否定したうえで人種差別の存在を認定し、一九八八年の時点で生存しているすべての強制収容経験者が一人二万ドルの補償金と大統領からの謝罪の手紙を受けることを定めた。

この一連の出来事は、それ自体が「アメリカ」の定義の問題に密接に絡むものであり、合衆国からの謝罪と補償を求める日系人グループの運動は、一九六〇年代以降のマイノリティ革命の一般的な動きと連動するものとなっていた。この運動によって、日系アメリカ人は他のマイノリティや新移民と同様の社会的立場と視点を得ることになったのである。

これらの歴史的・社会的特性のために日系人という存在は、一九六五年以降のアメリカ社会の人口構成の変動に際してはマイノリティの立場に立ってマジョリティに対する異議申し立てをし、かつその主張の根拠となるのに十分な歴史的経験を積んだ存在となっている。

(1) 一九六〇年代の記述

教科書におけるマイノリティの描かれ方が一九七〇年代を経るあいだに変化してきたことは、日系人についての記述からも明瞭に把握することができる。一九六〇年代の教科書には日系人についての記述を採用したものがそもそも少なく、その少ない教科書は、白人を中心に据え、しかもマイノリティとの差を強調するという傾向を有していた。そこでの日系人は、マジョリティの利害にとっての外在的要因に過ぎない。

たとえば、一九〇六年にサンフランシスコで黄色人種の児童を白人の児童から隔離する学校令が制定されたことについて、一九六四年刊行のリチャード・ブラウン

エートス（ethos）
習慣。気質。精神。倫理観

らの『The United States of America: A History for Young Citizens』は、日本から来た者たちの特殊な労働エートスをその原因として説明していた。

カリフォルニアの住民のなかには、州内の日系移民の数を懸念し始める者たちがいた。日系移民は非常に低い賃金で働き、したがって生粋のアメリカ人労働者から仕事を奪っていると主張された。

ここでは低賃金で休みなく働くという日系人の「特殊性」を前提に、その結果として白人のとくに農業労働者を圧迫していったという「事実」が重ねられ、そのような恐れに突き動かされた白人が法令の制定を支持したとされる。国民社会の中心に位置する白人と、周辺に位置する日系人とでは労働エートスが異なるものだと線を引き、かつその相違の社会的な帰結を白人の立場から説明するのである。

また第二次世界大戦中の日系人の強制収容に関しても、数少ない一九六〇年代教科書での説明のすべてが、日系人への迫害自体を「特殊な出来事」として描いていることが特徴的である。

民間人の通常の権利が国家の安全のために侵害されるという唯一の重要な出来

真珠湾攻撃(attack on Pearl Harbor)
一九四一年一二月八日、日本軍はハワイの真珠湾にある米海軍基地を奇襲し、マレー半島に軍を上陸させて、アメリカ・イギリスに宣戦し、太平洋戦争（一九四一～四五年）に突入した

事があった。真珠湾攻撃に引き続く動揺状態のなか、一〇万人以上の日系アメリカ人が太平洋沿岸の自らの家から追い出され、軍隊によって運営されるキャンプに集められた。（ヘンリー・ブラグドンら『History of a Free People』一九六四年版）

ここでは、強制収容は真珠湾攻撃が原因であり、それがなければ起こらなかったことであるかのように説明される。その出来事の主体が軍および政府であること、それが戦前から日常的に行われていた排斥の延長線上にあることなどは、強調されない。

なお一九四〇年代末の補償策については、筆者の管見によれば、一九六〇年代の教科書ではリチャード・ウェイドらの『A History of the United States』（一九六六年版）が、一九七〇年代の教科書ではアレン・ウェインステインらの『Freedom and Crisis: An American History』（一九七四年版）が記載していた。前者は「戦後、政府はその誤りを事実上認め、これらの日系アメリカ人たちに補償するために資金を割り当てた」とするが、この説明では補償が損失額をほとんど満たさなかったこと、収容経験者の全員が補償対象にはならなかったことなどは伝わらない。一九六〇年代の教科書は、少なくとも日系人に関しては戦中の思考をそのまま採用して記

述を行っているといえる。また、日系人の状況を説明する際に写真などの資料が一切用いられていないことも、この時期の特徴である。

(2)　一九八〇年代の記述

この後、公民権運動やその後の社会変革に歩調を合わせて、強制収容によって侵害された自由および尊厳の回復を求める運動が一九七〇年代から展開されることになった。運動は金銭的補償の獲得の他に、日系人の強制収容が象徴する人権侵害の再発防止を教育の場で伝えていくことを目的としており、強制収容を直接には経験していない第三世代の若者たちが大きな役割を果たしたといわれる。また、運動の過程で日系人も「アメリカ人」であったことが強調され、憲法が保障する国民の自由と権利が同じ国民によって侵害された事例として強制収容を把握する視角がアピールされたことが重要である。運動の成果としての一九八八年市民自由法は、以後一〇年間国庫に市民的自由公教育基金を設置し、強制収容に関連する出来事の周知・記憶・解明・理解のための、調査・文書保存・公教育活動支援をその課題とすることを定めた。したがって、教科書における第二次世界大戦中の日系人の経験に関する情報は、一九八〇年前後から急速に増加している。

そのなかで重要なのは、日系二世をアメリカ社会のマジョリティと等しい主権を有する国民の一員として扱う傾向が強くなっていることである。一世も二世も、彼らが日系であるという理由で一括されて国民の定義から排除されていたのが一九七〇年代までの教科書であった。しかし一九八〇年代には、たとえばヘンリー・グラフの『This Great Nation: A History of the United States』（一九八五年版）が「移動を強制されたこれらの人びとの三分の二はアメリカ国民であった。彼らは自らの国で囚人となったのである」と描くように、一世と二世のあいだに線が引かれることになる。二世が市民権を有すること、英語を話せること、日本国を見たことすらないことなどが強調され、二世と一世の異質性が繰り返される。一九八〇年代教科書はそのようにして日系人のなかから国民の構成員をより分け、同時に彼らの忠国の精神を強調する。具体的な部隊名を紹介し、そこに参加した日系二世の総数や、彼らの受勲数などを説明する。

西海岸の日系アメリカ人たちがキャンプへ集められていたにもかかわらず、他の者たちは合衆国の軍隊に加わっていた。ハワイだけでも、一万六〇〇〇人の日系のアメリカ人が軍に徴兵されていた。……当初、軍は二世（アメリカ生まれの、日系移民の子孫）を受け入れなかった。軍がその方針を変更した時、アメリカに自らの忠誠を証明することを決めた何千という者たちが入隊した。

……一九四四年六月、第一〇〇歩兵大隊はその時イタリアで活動を開始した第四四二連隊の部隊となった。この戦闘部隊の隊員たちの戦いぶりは、勇敢さと向こう見ずな英雄的行動を伴うものであり、それは彼らの決死のスローガン「当たって砕けろ」に約言されていた。戦闘犠牲者は膨大だった。一七〇〇人以上が死亡し、およそ五〇〇〇人が負傷した。彼らはまた、合衆国軍のなかで最も多く受勲した部隊の一つである。（ハーバート・バスら『America and Americans』一九八三年版）

かつて十全な権利の保障から締め出されていた日系人は、一九八〇年代の教科書において国家の利益に直結する忠誠心や勇敢さを強調されることによって、初めて「アメリカ人」の内部に位置づけられることになったのである。

その一方、一九八〇年代教科書においても日系人に対する法的迫害や強制収容の原因に関する記述のなかでは、「アメリカ人」の境界線は日系人全体とマジョリティとのあいだに引かれたままである。語られる事象ごとにその境界線がズレを見せることは、もちろん日本の「アメリカ人」の含意の動揺を表しているのだが、日系人を「アメリカ人」に含める語り口がまずは第二次世界大戦中の軍事的貢献についての記述に現れたことは、一九八〇年代の特徴として重要である。

(3) 一九九〇年代の記述

しかしまた一九八〇年代の教科書におけるこのような「アメリカ人」の動揺は、他方では市民社会的平等性を擁護し過去を批判する視点を成立させることにも繋がり、それが一九九〇年代の記述で顕著となった。その際に記述を正当化する根拠とされるのが、一九九〇年代においては国家の利益ではなく、市民社会の正義である。強制収容の発端に関しては、「日本人および日系のアメリカ人たちは西海岸において長く差別に直面してきた。真珠湾の後には、彼らの状況はさらに悪くなったのである」と述べられるようになる（ダニエル・ブアスティンら『A History of the United States』一九九〇年版）。日系人は長きにわたり差別に直面していたのであって、真珠湾攻撃はそれを「さらに悪く」したに過ぎない。

また、ジェームズ・デイヴィッドソンらの『Nation of Nations: A Concise Narrative of the American Republic』（一九九六年版）は次のような説明を行う。

> 移民法が人種単位でアジア人を差別した社会においては、日本との戦争が起こることによって、あらゆるバックグラウンドの忠実なアジア系アメリカ人たちが生きにくくなった。黒人労働者およびラテン系労働者は、造船所や飛行機工場において、彼らが平時の工場で直面したのと同様の差別に曝された。

ここでは戦時下のアジア系・アフリカ系・ラテン系に対する差別が掘り起こされ、日系人の経験はそのなかに位置づけ直される。しかもこの戦時下の差別は「平時と同様に」存在する継続的なものである。ここにおいて、強制収容を促した主体は単に軍部や政府ではなく、社会的圧力を生じさせた一般市民ということになるのである。市民社会的正義は当時のアメリカ市民によって損なわれ、いくつかの補助教材ではそれを、ヒトラーに先導されたファシズムに近いものとして説明している。

アーサー・シュレジンガーが執筆に加わっている教科書においても、人種差別に対する批判は厳しい。日米紳士協定前後のセオドア・ルーズヴェルトに関しては、次のような記述が登場する。ここで大統領は自らも人種的な偏見と策略をもっていたことが指摘され、その振る舞いが批判的に検討されている。

かなりの程度でルーズヴェルトは、南ヨーロッパ人、東ヨーロッパ人およびアジア人の無制限な流入に対して、世間と変わらない偏見をもっていた。さらに彼は、一九〇六年に起こった移民をめぐる全国的な議論が、日本との関係を複雑にし、共和党員たちをあるいは分裂させてしまうのではないかと恐れていた。共和党員たちの少なからぬ者は、移民たちへの識字テストの制定を迫っていたのである。（『The National Experience』一九九三年版）

ファシズム(fascism)
立憲主義と議会政治の否認を志向し、自由主義・国際主義を批判するとともに、全体主義・急進的ナショナリズム・軍国主義を推進する思想と行動。および、その所産としての社会体制

日米紳士協定(gentlemen's agreement between Japan and the United States)
日露戦争前後からアメリカにおいて活発化した日本移民排斥の動きを受けて、一九〇七〜〇八年に日米間で交渉が行われ、紳士協定が結ばれた。これにもとづ

いて、日本政府は労働移民の旅券の新規発行を停止し、移民送り出しの自粛を行った。またアメリカ政府は、カリフォルニア州における在米日本人／日系人に関する行政のあり方の是正に当たることとなった

基本的人権（fundamental human rights）

人間諸個人が自分の諸能力を自由に発展させるために、人間である限り有するとされる権利の総体。自由権・生存権・政治的権利を内包し、国家権力を含むいかなる他者によっても侵されず、また決して譲渡できないとさ

一九九〇年代教科書における、過去に対するこうした批判的な記述を支えているのは、一つには普遍的な人権の概念である。たとえば日系人を収容した強制収容所の実態に関しても、「アメリカ国民としての権利」を剝奪されたことを説明するだけであれば、一九八〇年代の教科書のように、「収容所では、日系アメリカ人たちは鉄条網のなかで生活しなくてはならなかった。住居は粗末なものであった」とだけ記せば十分であった（デイヴィッドソンら『The American Nation』一九八六年版）。しかし一九九〇年代の教科書が問題としているのは社会的な正義であり、一世も含めた人びとが被った基本的人権の剝奪である。そのため収容所経験については日常生活の細部にわたった描写が行われる。

> すべての家族に番号がふられたタグが発行され、荷物やコートに結びつけられた——名前は記されず、番号だけであった。「そのとき以後」と、ある女性は記している、「私たちは家族番号一〇七一〇と呼ばれるようになったのです」。キャンプに移動しながら、彼女は自らのアイデンティティも尊厳もプライバシーも失った。……家族ごとにあるいは何人かごとに、タール紙で覆われた合板作りの長いバラックのなかに、六×七メートルの広さの部屋が割り当てられた。一つの部屋には平均で八人が割り当てられた。カンバスを張った簡易寝台、

れる

ワラを詰めたマットレス、三枚の軍用毛布が各人に供給された。バラックの列のあいだに共同浴場と食事場があった。……砂漠を耕し、マンザナーの被収容者たちは一九四四年までに二〇〇万ドルを越える価値の農産物を生産していた。（キャロル・ベアキンら『Making America』一九九九年版）

二世の従軍については、一九九〇年代の多くの教科書においては収容所生活の説明の後に語られる。所属部隊や参加者数の説明はなされるが、そこで忠国の精神が強調される度合いは小さくなっている。むしろ、二世は通訳などの仕事においても活躍したこと、従軍に当たっては二世のあいだに不平や反抗もあったことなどが載せられる。二世の言葉も引用されている。

「我々に何をさせようというのだ？　塹壕掘りか？」キャンプの囚人ダンクス・オーシマは問うた。「最初、私の従軍資格は4-C（敵性外国人）に変えられた。私の出自が理由でだ。街から追い出され、しかし今度は自殺部隊に志願しろという。そうすれば私もこの忌々しい民主主義に命を捧げることができるというわけだ」。けれども何千もの二世が入隊し、その多くが名を揚げたのである。（ジェームズ・デイヴィッドソンら『Nation of Nations』一九九六年版）

ここでは、兵士となって戦果を上げたがゆえに日系人も立派な国民であった、とするだけの素朴な理解は促されていない。日系人が置かれた状況において、従軍することがいかなる意味をもったのかが複雑に問いかけられているといえよう。このような過去に対する批判的態度は、一九八八年の議会による公式謝罪の議決についての説明においても表明されている。メアリ・ノートンらの教科書もまた、戦後に日系人が起こした訴訟に際して連邦裁判所が下した、日系人を「人種差別主義の影響を受けた視点をもった、少なくとも一人の軍司令官による曲解、歪曲、虚説の犠牲者」と認める判断を示しつつ、公式謝罪の内容を詳述している（『A People and a Nation』一九九六年版）。一九八八年の謝罪と補償開始についての情報は一九九〇年代の歴史教育の標準的項目となり、問題解決のための日系人自身の努力が伝えられる。一九九〇年代の歴史教科書はこのように、人間の普遍的権利や市民社会的正義を叙述の根拠とし、エリック・マグヌソンのいうところの「国家主義的語り」よりは「革新的語り」に相当する語り口を採用するのである。

二　歴史叙述における、ナショナルな枠組みの意味

ただしここでマグヌソンの議論を思い起こせば、歴史についての「革新的語り」

もまた「国家的語り」から派生したものであったことが重要になる。ナショナルスタンダードの策定が試みられていた一九九〇年代において、歴史叙述に関して問われていたのは「アメリカ人」や「アメリカ史」の中身であり、その枠組みではなかった。そこでは歴史叙述のナショナルな枠組みが設定されているために、取り上げられる歴史事象にはしかるべき限定や選別が伴うのである。

その端的な例として、中南米から合衆国内に強制収容された日系南米人に関する情報が教科書には登場してこないことが挙げられる。第二次世界大戦中、合衆国政府はアメリカ圏全域から枢軸国系の「危険分子」を排除するため、中南米からも二一一八名の日系人を合衆国に連行し収容している。このうち七三七名が大戦中に日本に送還されることになったが、終戦後に中南米諸国が追放者の再受け入れを拒んだため、ほとんどの者は合衆国内に留まるか、戦後に日本に渡ることとなった。これに対してもやはり補償と政府の謝罪を請求する運動が起こされ、一九九八年、合衆国に連行された経験をもつ日系南米人に対して、一人当たり五〇〇〇ドルながら補償と謝罪の受給資格を認める司法判断が確定した。ここで重要なのは、強制収容時にも補償執行時にも合衆国の市民権・永住権と無縁であった者を含めて、合衆国政府による補償と謝罪が得られることになったという点である。すなわちこの問題に関して、法理念においてはナショナルな枠組みは外され、償われるべき被害の有無が司法判断の最優先事項となったことになる。

しかし教科書においては一九九〇年代にも、この事実および一九九〇年代を通じて行われていた日系南米人による補償請求運動の記載はない。このことは、一九七〇年代以降の日系アメリカ人による補償請求運動が一九八〇年代の教科書に記載されるようになり、また一九八八年市民自由法を一九九〇年代のすべての教科書が掲載していることと対照的である。法の世界では、普遍的人権のいわば普遍的な尊重が行われたわけであるが、教科書の世界ではナショナルな枠組みがそれを堰き止め、「アメリカ人」という枠組みのなかでの事態の認知に落ち着くのである。

一般に、「国家主義的語り」から離れた歴史として想定されるのは、たとえば高橋哲哉が述べるような「偏狭な『自国史』――ナショナル・ヒストリー――の枠組みを超えていく」歴史意識を採用した教育であり、そこでは歴史がナショナリティを根拠に領域化されること自体が避けられることになる。一方、アメリカの歴史教育は常にナショナルヒストリーの教育にほかならず、歴史叙述のナショナルな枠組み自体を無化したものをポスト・ナショナルヒストリーとよぶのであれば、アメリカの歴史教育は一九九〇年代においてもそれには当たらないといえる。

(1)「多元性を称揚する一元性」の表明

社会のなかの多様性を承認し、人びとのあいだの差異にもとづく社会構造的な不平等を是正していこうとする思想が、多文化主義であった。その思想がアメリカの歴史教科書を支える一本の太い柱になっていることは間違いない。しかしまた、歴史教科書は「アメリカ」というまとまりを重視するナショナルな枠組みで作られるものでもある。それがために、あらゆる人間社会に適用可能な基準で人間の振る舞いを記述し評価しようとする多文化主義の志向性が、「アメリカ」の外に向けられることが制限されていることになる。そして、扱われている歴史事象の外縁が「アメリカ」という枠であることに無自覚である場合、社会のなかの多様性を称揚することは、「これほどまでに多様性を重視するアメリカ」を一元的に称揚することにもなるのである。

実際のところ（歴史教科書のなかの話を逸脱するが）、二一世紀を迎えてからのアメリカ社会では歴史叙述に関して、従来ならば「革新的語り」を促進する側にいたエスニックマイノリティによって、「国家主義的語り」が実践されるのがしばしばである。たとえば、二〇〇四年八月にフィリピン系アメリカ人のジャーナリスト、ミシェル・マルキンが刊行した『抑留の擁護』では、第二次世界大戦中の合衆国政府による在米日本人および日系アメリカ人の強制収容を正当化し、ひいては九・一

九・一一テロ(September Eleven Terror Attacks)　二〇〇一年九月一一日にアメリカ合衆国で発生した同時多発テロ事件。四機の旅客機がハイジャックされたうえで突入自爆攻撃に利用され、世界貿易センタービルと国防総省本庁舎（ペンタゴン）が破壊された

ムスリム(Muslim)
イスラム教徒。「神に帰依した者」の意

米国日系人市民協会(Japanese American Citizens League; JACL)
一九二九年に全米規模の日系人組織として設立。日系人のみならず、広くアジア太平洋系の人びとの公民権の確保と保護のために活動を展開している

一テロ以後の在米ムスリムおよびアラブ系アメリカ人への政治的・社会的圧力の正当性を主張する論陣が張られた。国家の安全保障のためには、市民的自由が制限されること、とりわけ危険視される者たちのそれが制限されることは、やむを得ないという主張である。またマルキンは米国日系人市民協会の大会が二〇〇四年にホノルルで開催されるのに合わせて、その開会の前日、八月九日にハワイのローカル誌『Honolulu Star-Bulletin』に「日系アメリカ人収容の賢明さを再考する」と題する論説を寄稿し、第二次世界大戦中の日系人の処遇について大会で話されるであろうことのほぼすべては誤りだと述べた。日系人のなかに日本軍と内通していた者がいたのは確かであり、それゆえ政府が疑わしい者を相応に扱うのは当然だとする内容であった。

この論説に関して編集部は読者の意見を募集し、それらが一五日付の記事「不安の国家にて――過去の不正義についての新刊書が、戦時中の措置に疑問を呈する――読者の反応」にまとめられた。多くはマルキンを批判する意見であったが、日系人の読者のなかにも、「我々は移民の問題を、まず国境を閉鎖することで解決しなければならない」「もし私がこれまでの指導者たちと同じくらい偉大な国家の指導者であったとしたら、ルーズヴェルト大統領が行ったように、日系の敵性外国人を一纏めにし、真珠湾で起こったような我が国に対する危害を行わせないようにし

ておくだろう」といった意見があることが示されていた。

人びとの文化的背景の多様性が自明のものになった社会において、社会的多様性を支える国家の力、すなわち多元性を支える一元的な力が、マイノリティの側から支持されていることになる。そこで採用されている歴史の語り口は、『革新的語りを可能にするアメリカ』を称揚する国家主義的語り」とでもいうべきものである。

直接の因果関係を証明することはもちろん不可能であるが、このような「多元性を称揚する一元性」という構図は、一九九〇年代の歴史教科書の構造からも引き出すことが可能である。一九九〇年代の歴史教科書は、ある意味では普遍主義を拠り所とした価値判断を提示していた。その一方、「アメリカ」という単位で世界を認識する枠組みを前提とし、そのような普遍主義的な発想の適用範囲を「アメリカ」の内側に押し留めてもいた。エスニシティの多様性はナショナルな枠組みによって支えられるのである。

公教育の力は国家という制度に由来するとし、それが国民教育の手段として機能することを重視する立場からすれば、この構図は至極妥当なものといえる。しかし、社会の構成要素の多様性を一会に表現することをめざす多文化教育の観点からすれば、ナショナリティへの注目に帰結する教育は、本来解決すべき問題を自ら生み出しているという意味で、差別構造のマッチポンプになりかねない。ナショナリティの区別は国内にもち込まれれば、エスニシティの区別に転化するからである。

(2) 多文化主義の活路

もちろん他方では、普遍主義をより強く志向することによって、このような構図を脱しようとする多文化教育の試みもある。そこでは、国民内部の多元的要素を扱う多文化教育のみならず、エスニシティ、ナショナリティ、ユニバーサリティといった位相の異なる共同性を同時に満たす多文化教育が構想されているといえる。志向する多元性を、いわば平面的なものから立体的なものへと組み直す作業が行われていると表現できるかもしれない。

ロサンゼルス市にある全米日系人博物館（Japanese American National Museum）が行っている学校教育との連携や社会教育活動は、そのような例として挙げられるだろう。一九九二年に開館したこの博物館は、日系アメリカ人の歴史についての記録、保存、研究と展示を行っているが、他のマイノリティグループとの連携や相互理解の促進、またそれを通した社会的価値の理解の促進にも活動の幅を広げている。たとえば同館が制作したＤＶＤ作品『9066 to 9/11: America's Concentration Camps, Then ... and Now?』では、真珠湾攻撃後の日系人に対する社会的圧力と強制収容が、九・一一テロ後の在米ムスリム・アラブ系アメリカ人へのヘイトクライ

ヘイトクライム (hate crime)
憎悪に起因する犯罪。人種・宗教・信条・出自・性的志向などの違いに由来する憎悪感情が動機となって、相手に危害を加えたり、相手の権利を脅かしたりする犯罪

ムや逮捕・拘束と類比されて提示される。そして、九・一一テロ以降に日系コミュニティとムスリムコミュニティが連帯する様を描くが、そこでは人間の尊厳と基本的自由を害するものに抗する視点が貫徹され、問題を「アメリカ国民の尊厳と自由」に限定しない視座が提示される。

また同館が二〇〇〇年以降に作成し教育者向けに頒布している学習教材において、日系人というカテゴリーを越えた共同体の理解と、そこでさまざまに異なる背景をもった人びとが共有してきた理念についての学習が促されていることも、例として挙げることができる。ロサンゼルス市のボイルハイツというエリアで混淆したエスニックたちが共存してきた事実を伝達する教材（『Boyle Heights: The Power of Place, Teacher Guide』二〇〇二年版）や、日系人の経験を素材にアメリカの民主主義それ自体の歴史を伝達する教材（『Teaching Democracy through the Japanese American Experience』二〇〇三年版）は、その内容が各教科の学習単元を充たすように構成され、全米から教員を招いて行われる研修会で用いられている。また、二〇〇四年の『Life Interrupted』プログラムは、アーカンソー大学と日系人博物館の共同で開発され、一九五七年に黒人と白人の共学化でリトルロック市が揺れたことや、アーカンソー州内に二つの日系人強制収容所があったことを手がかりに、黒人と日系人の歴史を辿り、人間の権利や尊厳について学習させるものとなった。歴

全米日系人博物館

史学習における諸マイノリティグループの過去の並存を求めた多文化教育の理想をさらに越えて、あらゆる背景をもった人びとがあらゆるグループの経験から諸々の社会的理念の歴史と現状を理解できることが、これらの活動の目的である。

二〇〇五年には同館の敷地内に民主主義保全ナショナルセンター（National Center for the Preservation of Democracy）が開設さ

民主主義保全ナショナルセンター

れ、民主主義教育の拠点として活動を開始した。筆者が二〇〇七年三月に訪れた際には、『Fighting for Democracy』と題する展示が行われており、週一回の一般公開のほか、地域の生徒や学生たち向けの展示、上映、レクチュアによる学習プログラムを予約制で提供していた。この時の展示では、主に第二次世界大戦時のマイノリティたち（「女性」などを含む）の軍事的貢

ＦＢＩ（Federal Bureau of Investigation）
連邦捜査局。一九〇八年に司法省の一局として設立。複数の州にまたがる犯罪の捜査、および公安情報の収集を任務とする

献、産業への献身を資料によって伝達することに力が入れられ、その内容を掲載した冊子が用意されていた。一九八〇年代の歴史教科書で採用されていたのと同じ、軍事的貢献をするマイノリティをアメリカ国民として称揚するという論理が強く打ち出されていたといえるが、地元の高校二年生の二クラスが訪れて学習を進める姿を見る限りでは、その論理に留まらない討論が行われていた。クラス担任の教員のうち一人が湾岸戦争後にイラクからアメリカに移住した人物であったこともあり、九・一一テロの後に彼自身がＦＢＩに家宅捜索されたことなどが語られ、マイノリティの市民的自由が確保されることに民主主義の意義が結び付けられていた。「民主社会」という理念と「アメリカ国家」という現実の接続が、その討論の議題であったといえる。

かつて多文化主義者が部分社会の利害を主張することに重きをおいたことの引き換えに、全体社会を統合する論理は保守主義者や文化的ナショナリストの掲げる国家という枠組みによって占められるようになった。しかし国家は、より普遍的な共同性の前ではそれ自体も部分でしかあり得ず、ナショナルな枠組みに依拠することは多文化主義の目的とは矛盾する結果にもなる。多文化教育の活路は、エスニシティ、ナショナリティ、さらにユニバーサリティといった、人間の共同性の位相を捉える視座を複数用意することにあり、その位相の複数に属する者として個々の人

間を捉えることにある。ナショナリティの位相に限らず、社会統合の論理はともすれば「多元性を称揚する一元性」を帯びることになるが、そのことに自己自覚的であり、かつその再検討を不断に継続することは可能である。その意味で、民主主義保全ナショナルセンターが今後実践するプログラムとアメリカ社会へのその浸透の様子が、センターの名前の「ナショナル」の部分と「民主主義」の部分のどちらの強調へ、もしくは両立へと帰結していくのかが、アメリカの多文化主義の展開の方向性を示す一つの指標になると思われる。

喫茶室

ナショナルヒストリー

近代以降の学校教育において扱われてきた歴史とは、ほぼナショナルヒストリー（国民の歴史、国家の歴史）である。日本の歴史、アメリカの歴史、ドイツの歴史といった国家・国民単位の枠組みこそが、学校で伝達される歴史情報を規定している。もちろん世界史といった概念もあるが、それもまた諸国家の歴史の束を言い換えたものに過ぎない。近代的な国民国家が成立した時点の以前に遡って、未だ国家・国民単位の枠組みが存在しなかった時代や領域にもその枠組みを当て嵌めて得られるのが、学校教育における歴史の像である。

だがそのようなナショナルヒストリーの自明視を揺るがしているのが、社会の多文化化という現象である。全体社会を構成する人びとの背景が実際に多様化し、またそのような多様さの集積として社会を捉える視点が力をもつということは、すなわち、部分社会の特殊文化を表現することが求められることである。また他方、国民国家の境界を越えた人間やモノの移動が増加・加速化することは、一つにはより普遍的な人間のまとまり（たとえば、世界社会という構想）に比した際の、国民社会の特殊性を指摘することになる。

このように、多文化化する社会においてはナショナルな枠組みに依拠した歴史の語り口に対して、部分社会の特殊文化をより多く包含し表現すべきであるという要請と、より普遍的な人間のまとまりのなかに歴史を相対化すべきであるという要請の両方が突きつけられることになる。またそのような要請に対して常に、ナショナルヒストリーを再構築し、失われた（ように見える）凝集性を復活させることの必要性が呼び起こされる。歴史教科書論争が生じる原因はしたがって、ナショナルな枠組みで描かれる歴史像が内部において多元化されることの問題と、外部に対して相対化されることの問題に求めることができる。

第五章

二〇〇〇年代の歴史教科書にみる共生社会への志向

一 多文化共生社会を支える二つの力

この章では、より最近の歴史教科書の特徴を提示してみよう。

前章までにみたように、アメリカの歴史教科書では一九九〇年代においても異なる文化の共存を是とする社会像が提示されていた。その社会像は、マイノリティの歴史社会的状況を可能な限り幅広く取り込み、かつ社会の成員を互いに等価に扱おうとしている点で、多文化共生の社会を志向しているといえる。教育的理念のうえではあるが、アメリカ社会がこのような志向性を有していることはやはり重要な事実である。

と同時に、多様な価値の並存を許容する根拠が常に問われ続けてもいるのがアメリカ社会である。多文化共生社会への志向を可能にするのはアメリカという「国家の力」であるのか、それともより普遍的な「市民社会的理念の力」であるのかという、異なる考え方のせめぎあいが存在している。第二次世界大戦中の日系人の強制収容とその補償の問題はその焦点の一つであり、二〇世紀末までには、多文化社会の存立には市民的自由の存在が要であるとする歴史叙述が成立していたことが確認できた。

しかしながら二〇〇一年九月一一日の同時多発テロは、この問題を社会的に再燃させることになった。すなわち、ムスリムおよびアラブ系アメリカ人へのヘイトクライムをどのように考えるべきか、また、国家の安全保障（national security）のために政府が国民のプライバシーを侵害することを可能にする愛国者法が成立し、実質的にアラブ系の人びとがターゲットとなっていることをどのように考えるべきかという問題である。多文化共生社会を支持する根拠は、それを許容する国家の安全が保障されることに求められるのか、それともその社会に生きる人びとの市民的自由が保障されることに求められるのかが、再び問われる事態となったのである。

さらにこの問いは、遡って第二次世界大戦中の日系人の強制収容の捉え直しにも直結していく。同時多発テロのメディアでの報じられ方を分析した江口真理子によれば、テロという了解不能の出来事を理解するための枠組みとして、それを一九四

愛国者法（Uniting and Strengthening America by Providing Appropriate Tools Required to Intercept and Obstruct Terrorism; U.S.A. Patriot Act）

正式には、「テロリズムの阻止・妨害に必要な適切な手段を提供し、アメリカを団結・強化する法律」。政府による、電話や電子メールの監視・テロリズムへの関与が疑われる移民者の勾留ないし国外追放・大口の外国口座の調査などを正当化した。二〇〇一年一〇月二六日に成立

一年一二月七日の真珠湾攻撃と類比して捉える認識がマスメディアでは広く採用されたという。前章でみたミシェル・マルキンの問題提起は、こうした風潮を背景にしていた。またそれゆえに、米国日系人市民協会はテロの直後から、テロの直接的被害者への哀悼とともに、アメリカ各所で生じ始めたムスリムおよびアラブ系住民へのヘイトクライムに対する危惧を表明し、第二次世界大戦の時期に行われたことが繰り返されてはならないとアピールすることになった。

(1)　二〇〇〇年代の教科書の検討ポイント

二〇〇一年以降のアメリカでは、少なくともその公共空間の一部では、多文化共生社会への志向の根拠を市民的自由の理念に求めることが再び動揺し、さらに日系人の強制収容の是非の捉え直しがなされていたといえる。ただ、先に言及した江口真理子の分析においても、真珠湾攻撃と同時多発テロ攻撃を類比する歴史の捉え方がアメリカ人のあいだに定着するか否かについては、「教科書や博物館の展示なども含めてより広範囲のメディアと歴史的展開を調査する必要がある」とされている。そこで本章では、次世代に向けられた歴史教科書が「国家安全保障」と「市民的自由」をどのように関連づけているのか、また二一世紀の最初の一〇年代（以下、ゼロ年代と表記）の歴史教科書の内容が、同時多発テロ以前に刊行された一九九〇年代の旧版からどのくらい変化しているのかを検討してみたい。検討対象としては、全米で多く採択されている教科書のうち、一九九〇年代からゼロ年代にかけても改訂を繰り返しながら刊行され続けている一〇点を取り上げる。

またゼロ年代のアメリカ歴史教科書については、大島京子がその全体的な特徴をいち早くレポートし、テロとそれ以降の状況についての情報が、二〇〇二年版の教科書から掲載されていたことを指摘している。ここではさらに詳細に検討するため、次の三点を中心に掲載情報を整理する。

①同時多発テロ後のメディアで支配的であった、真珠湾攻撃と九・一一テロを類比する説明は、歴史教科書にも浸透しているのか。

②愛国者法制定から国土安全保障省設置までに至る国家安全保障のための施策は、どのように表現されているのか。

③第二次世界大戦中の日系人の強制収容に関して、ゼロ年代教科書の記述はテロ以前の旧版からどのように変化したのか。

これらの検討箇所①~③の記述の状態を教科書ごとに表現すると、表2のようになる。表中の●は、該当する記述が存在することを示している。

表２　ゼロ年代教科書における「国家安全保障」と「市民的自由」に関する記述

検討対象の教科書のタイトルと刊行年		①	②			③	
		真珠湾攻撃と9.11テロの類比	愛国者法から国土安全保障省設立までの一連の説明	国家安全保障に対し、市民的自由の面から批判があること	9.11テロ以後、市民的自由を侵害された者への言及	9.11テロ以後の状況を第二次世界大戦中の日系人と関連付けた説明	第二次世界大戦中の日系人に関する記述の、1990年代の旧版からの変化の特徴
（第7～9学年向け）	American Nation, 2005		●	●	●	●	旧版と同文脈で表現は変更。ノーマン・ミネタの「愛国心を表す言葉」が削除。
	The American Nation, 2005	●	●	●		●	旧版と同文脈で表現は変更。第二次大戦時の日系人以外の集団の市民的自由の侵害を追加。『マンザナーよ、さらば』を取り上げた２頁が削除。
（第10～12学年向け）	The American Pageant, 2006		●	●	●		旧版の記述を継承。日系人（モニカ・ソネ）の回想を追加。
	The Americans, 2005		●	●	●		旧版と同文脈で表現は変更。父ブッシュ大統領の謝罪の手紙の引用が削除。日系人の抑留の要不要を考えさせる囲み記事が削除。日系人が起こした訴訟について2頁追加。
	American Odyssey, 2004		●	●			旧版と同文脈で表現は変更。
	A History of the United States, 2005		●	●			旧版の記述を継承。
（高校上級～大学教養向け）	Making America, 2006		●	●	●		旧版と同文脈で表現は変更。「よき戦争」についての記述を追加。
	Nation of Nations, 2005		●	●	●		旧版の記述をほぼそのまま継承。
	The American People, 2006		●	●	●		旧版の記述をほぼそのまま継承。
	A People and a Nation, 2005		●	●	●		強制収容に関する記述が大幅に改変。とくに導入部を刷新。

国土安全保障省（Department of Homeland Security）
二〇〇二年一一月に設立。国家の安全保障に関係する八省庁の二二の政府機関を合併し、職員一七万人の巨大な省となった

まず①については、真珠湾攻撃と九・一一テロを直接に類比したものは教科書一〇点のうち一点しか存在しなかった。このことから、メディアで支配的であった「九・一一テロの比喩表現としての真珠湾攻撃」という認識枠組みは、教科書においてはほとんど採用されていないことを指摘できる。

次に②については、「愛国者法制定から国土安全保障省設立までの一連の説明」はすべての教科書に存在し、加えて、「国家安全保障に対し、市民的自由の面から批判があること」もすべての教科書が記述していた。ただしその批判の内容の充実度については教科書ごとに差があり、批判が存在することを単に言明しただけのものと、その批判の根拠を詳述するものとに傾向が分かれた。後者のものは必然的に、「九・一一テロ以後、市民的自由を侵害された者への言及」を含んでいた。

最後に③については、日系人の強制収容を説明する記述自体はゼロ年代においてもすべての教科書に存在し、テロ以前の旧版からテロ以後の新版への移行に際しては、基本的に旧版の記述を継承しつつ表現の変更や一部の削除・加筆をしているというものが多かった。「九・一一テロ以後の状況を第二次世界大戦中の日系人と関連付けた説明」は、中学生向けの教科書が何らかの形で行っているのに対し、高校生以上向けの教科書では行われないという差を指摘できる。

国土安全保障局（Office of Homeland Security）
九・一一テロの後、二〇〇一年一〇月八日にホワイトハウス内に設置された安全保障のための部局。後に省に昇格

二　同時多発テロ以後の、国家安全保障のための施策に関する記述

この項では検討箇所②の内容を中心に提示し、各教科書の特徴を把握する。まず中学生向けの教科書では、今回検討した二点が対照的な記述を展開していた。ポール・ボワイエの『American Nation』（二〇〇五年版）では、「国内の安全保障」の見出しのもとに国土安全保障局の設立から愛国者法の制定までが説明され、同法の内容は以下のように説明されている。

> 合衆国司法長官のジョン・アシュクロフトを含む政治指導者たちは、テロリズムと戦うためにより拡大された法律執行の権限を要求した。これらの要求は二〇〇一年一〇月の愛国者法の条文に帰結した。この法律は、司法長官が国家安全保障にとっての脅威であると認定した非合衆国市民を、審理なしに無制限に拘禁できることを規定したものである。また、政府による盗聴の権限を拡大し、司法長官が国家の安全を守るために必要と認めた場合には、住居の探索をその所有者への通告なしに許可するものである。

この記述に続けてこの教科書は、「愛国者法は、国内の安全性を高めつつ、いかにしてアメリカ人の市民的自由を守るのが最善か、をめぐる議論を引き起こした」という反論の存在を提示する。さらに、愛国者法に言及した別の箇所では、「司法省は、合衆国内に暮らす主に中東出身の者一〇〇〇人以上を拘留し、取調べた。逮捕された人びとのなかにホセ・パディラがいた。パディラは自分の家族や弁護士にも会えぬまま一九ヶ月間拘束され、二〇〇三年の終わりになって連邦裁判所が、釈放されるか、もしくは裁判にかけられるべきであると命じた。アメリカ人は国家安全保障の緊急性を理解したが、彼らはまた法による統治や市民的自由も重視した。議論は、いかにして市民の憲法上の権利を遵守しつつアメリカを安全にするかへと進展した」と状況を詳述した。愛国者法への反論は、市民的自由の重視と実際の市民の被害を根拠として提示されている。

それに対しジェームズ・デイヴィッドソンらの『The American Nation』(二〇〇五年版)は、「ほとんどのアメリカ人はその法律を支持したが、それがプライバシーや言論の自由の権利を侵害することを懸念する者もいた」と、愛国者法への批判の存在を簡潔に示唆するに留めている。この施策の被害者についての言及がこの後になされることもない。この教科書はまた、「九月一一日のテロリストたちの攻撃は、一九四一年の日本の真珠湾攻撃よりも多くの生命を奪った」という形で真珠湾と九・一一を直接に類比した唯一の教科書でもある。
しかしながらこの教科書ではむしろ、次の箇所から理解できるように、社会の多様性を維持するための連帯に記述の比重を置いているといえる。

日系アメリカ人が抑留された第二次世界大戦の時とは異なり、寛容の精神が行き渡っていた。ジョージ・W・ブッシュ大統領やその他のリーダーたちは、無実のアラブ系アメリカ人たちに仕返しすることを戒めた。ムスリムも含めたあらゆる信仰の宗教指導者たちは、ワシントンDCの全国的な追悼式典で肩を並べた。

日系アメリカ人とアラブ系アメリカ人の処遇がここで並置されるのだが、ここではむしろ両者の相違が明示されている。日系人の強制収容を招いた社会状況に「寛容の精神が行き渡って」いなかったことが前提とされ、現在をそれに対置できるものとして描く。現実に生じたムスリム・アラブ系へのヘイトクライムを伝達していない点では情報不足を指摘され得る内容であるが、中学生向けの記述としてはこれもまた、多元的な社会を支える市民的連帯の重要性を伝えるものである。
高校生向けの教科書においても、愛国者法の被害者に関する記述の有無によって、同法に対する批判の提示の仕方に差異が見出せる。同法による被害を取り立てて記述していないのがゲアリー・ナッシュの『American Odyssey』（二〇〇四年版）とダニエル・ブアスティンらの『A History of the United States』（二〇〇五年版）であるが、前者の該当箇所を示すと以下のようになる。

民主党支持者たちはそのような制限に反対したが、二〇〇二年一一月の中間選挙における共和党の勝利の後には、内閣レベルの国土安全保障省を設立する法案を速やかに可決した。アメリカ人はまた、攻撃に対して防衛するためにはどの程度まで憲法上の権利が制限されるべきかについて議論した。この問題は二〇〇一年一〇月に反テロリズム法が可決されたときに最初に浮かび上がった。この法律は秘密の調査を許すものであり、容疑者を盗聴したりインターネットの通信を追跡したり留守番電話を差し押さえたりすることを容易にするものであった。

国土安全保障省や愛国者法の内容が説明され、「民主党支持者たち」による反対や「憲法上の権利」にもとづく反論が提示される。極めて簡潔な説明であり、以下に愛国者法による被害についての記述が続くことはない。

対してデイヴィッド・ケネディらの『The American Pageant』（二〇〇六年版）とジェラルド・デンザーらの『The Americans』（二〇〇五年版）は、国家安全保障策への反論の根拠を詳述している。前者では、「司法省はそれまでのあいだに、何百人もの移民たちを一斉検挙し、彼らを人身保護（公開の法廷での公式の告訴）もなしに拘束した」と、移民が標的にされたことを明確にしたうえで、国家安全保障と市民的自由のジレンマについて考えさせる以下のような記述を続けていく。

世論調査は、テロリストの脅威が、市民的自由を守ってきたアメリカの尊い伝統を抜本的に侵害することに根拠を与えるものなのか否かを巡って、アメリカ人がはっきりと割れていることを示していた。最悪のテロリズムは合衆国に未曾有の変化をもたらした。あの残忍な九月の朝の出来事はアメリカの愛国心を生き返らせたが、それはまた、アメリカの歴史における長い一章を劇的な頂点へと導いた。近代の人間にとっては極めて稀なことに、アメリカ人はほぼ二世紀のあいだ、自らの本土への外国からの攻撃を免れていた。この例外的なまでの事実上無料の国家安全保障は、アメリカ社会の独特の特徴である開放性と個人の自由の価値を補強してきた。今、アメリカの安全性とアメリカの自由は共に、危機に瀕している。

高校上級から大学教養向けの四点の教科書においても、ムスリム・アラブ系アメリカ人の被害が言及され、それを根拠に市民的自由の重要性が示唆されるという構成がなされている。そこに真珠湾攻撃やその時期の日系アメリカ人の処遇との類比はない。たとえばジェームズ・デイヴィッドソンらの『Nation of Nations』（二〇〇五年版）の記述は以下のようである。

司法省はテロリストとの関係を疑われる何百人もの在留外国人——そのほとんどはムスリムやアラブ人であった——を拘留した。一一月五日までに一〇〇〇人以上が留置され、その日以降司法省は、その後に拘留された者の数や、拘留者の名前や留置場所さえも明らかにしなくなった。二〇〇三年五月までには五〇〇〇人ほどの外国人が拘束されたと見積もられ、何らかのテロリスト的活動で起訴されているのはそのうちの四名だけであった。さらにそのうちの二名は無罪放免されている。批判者たちは、これらの拘束が愛国者法の広範な権限と同様に、アメリカ人の憲法上の権利および外国人の自然権を脅かしていると追及した。

二〇〇一年九月一一日の同時多発テロとその被害を詳述した後、一連の国家安全

自然権（natural rights）
人間が、社会契約以前の自然状態で有している権利。国家以前に存在し、国家によって人為的に与えられたものではないため、国家はこれを侵害し得ないとされる

保障策の具体化の説明に移るが、それに対しては批判の存在を対置させるのが、ゼロ年代のアメリカ歴史教科書における標準的な記述のあり方である。さらに一〇点中七点の教科書では愛国者法の被害者としての移民、ムスリム、アラブ系の存在に言及しており、そこから国家の安全保障と市民的自由の遵守を並立させることの困難さを指摘することになる。典型的な両論併記の教科書記述であり、その意味で政府の擁護にとどまる教科書はないといえる。一九九〇年代の歴史教科書に浸透していた、状況に対する批判的な視点は、ゼロ年代においても健在であることを指摘することができる。

三　第二次世界大戦中の日系人に関する記述

この項では検討箇所③の内容を提示し各教科書の特徴を把握するが、先にも述べたように、日系人強制収容に関する記述はどの教科書においても基本的に旧版からの変化が少ない。「市民的正義を根拠とした強制収容の批判」という、一九九〇年代の歴史教科書で確立された語り口は、ゼロ年代においても踏襲されているのである。その意味では、アメリカの教科書は市民的自由の重要性に立脚した歴史記述を継続させている。

旧版からの異同がもっとも少ないデイヴィッドソンらの『Nation of Nations』（二〇〇五年版）では、「日系人の経済的損失」「白人のなかにあった差別意識」「不衛生でプライバシーのない収容所での生活」「収容所での労働」「二世の忠誠心を問うた政府」「人種差別の法制化」といった内容についての記述がなされたのち、「アメリカにおける強制収容所は、ナチスの死のキャンプの恐怖を伝えるものではなかったが、人種差別と社会不安によって作られたものであった。より悪いことに、アメリカ人がそのために戦っていると信じていた公民権と市民的自由の伝統を、侵犯してしまった」と結論づける。この結論部は一九九八年版から全く変化がない。この一連の記述が、アメリカの教科書における日系人強制収容の標準的な解説になっていると述べることができる。

以下、特筆すべき事例として五つの教科書を取り上げたい。

①ボワイエの『American Nation』（二〇〇五年版）が「国土安全保障と市民的自由」という囲み記事を追加させている。「アメリカ人は、国家を安全にしつつ憲法上の権利を遵守するというジレンマに葛藤してきた。……第二次世界大戦中には、一〇万人を越える西海岸居住の日系の人びとが敵性外国人として分類され、転住キャンプに移された。……一九八八年、合衆国政府は抑留者の憲法上の権利の侵害に対して公式に陳謝した。その後、今日まで、アメリカの制度は市民がその権利を

侵害されたと思う場合に裁判に訴えることを認めてきている」とする記述は、前項で取り上げたデイヴィッドソンらの『The American Nation』（二〇〇五年版）と同様に、強制収容の「不正義」を前提としたうえで、現在を過去とは異なるものとして表現しようとするものである。

②デンザーらの『The Americans』（二〇〇五年版）では、旧版にはあった仮想ディスカッションの囲み記事が削除されている。旧版（二〇〇〇年版）では「論点：日系アメリカ人の抑留は国家安全保障にとって必要であった。反論：日系アメリカ人の抑留は不要であり、人種差別的行いであった」という見出しが掲げられ、それぞれの主張を根拠付ける情報が箇条書きにされていた。二〇〇五年版ではこれが削除される代わりに、戦後日系人が起こした訴訟の発端・経過・判決についての法学的な情報が見開き二頁で加筆された。日系アメリカ人の強制収容についてはその是非を両論併記することを止め、むしろ市民的自由の侵害を考えさせる資料の充実に紙数が当てられたことになる。

③キャロル・ベアキンらの『Making America』（二〇〇六年版）に旧版から付加されたのは、第二次世界大戦についての「よき戦争」という囲み記事である。

真珠湾への奇襲、日本の軍国主義の悪の性質、そしてドイツのファシズムは、アメリカの兵士たちが自由と民主主義のために戦い、死んでいるというイメージと結び付けられた。また戦争に対する国内の反対が顕著ではなかったことで、第二次世界大戦は「よき戦争」であり兵士たちは「最も偉大な世代」であるとされた。これらのイメージはアメリカの精神にくっきりと刻まれ、世界の悪と戦う合衆国の使命という考え方を形作った。

ここではもちろん、アメリカの戦争をよき戦争だと表現しているのではなく、「よき戦争」というイメージ自体が創出されてきたものであることが指摘されているのである。「世界の悪と戦う合衆国の使命という考え方」を相対化させる記述であり、九・一一テロ後の世界に飛び交った「悪の枢軸」という言葉を想起する時、ある種の戦争観を相対化する効果をもつものと思われる。

④真珠湾攻撃と九・一一テロとを直接に関連付けていたデイヴィッドソンらの『The American Nation』(二〇〇五年版)においても、第二次世界大戦の記述において、むしろ市民的自由の侵害に対して批判的な言及を増やしている。日系人以外の集団の迫害の例を「その他のグループが問題に直面した」という見出しのもとで、解説するようになったのである。「日系アメリカ人は戦時の制限事項に直面した唯一の集団というわけではなかった。およそ一万一〇〇〇人のドイツ系アメリカ人と

「悪の枢軸」("axis of evil")
二〇〇二年一月の一般教書演説で、ジョージ・ブッシュ大統領はイラク・イラン・北朝鮮の三国を「悪の枢軸」と総称し、テロリスト支援国家であるとして批判した

枢軸国（Axis）

第二次世界大戦前から戦時中にかけて、連合国と対立したドイツ・イタリア・日本の三国およびその同盟国相互間に結ばれた協同の関係。一九三六年一〇月のベルリン-ローマ枢軸に始まる

全体主義（totalitarianism）

個人に対する全体（国家・国民）の絶対的優位性を主張し、諸個人を全体の目標に向けて総動員する思想および体制。単一のイデオロギー・単一の支配政党・秘密警察・国家による情報の独占などを特徴とする

数百人のイタリア系アメリカ人たちもまた、『敵性外国人』として政府のキャンプに抑留された。その他のドイツ系アメリカ人やイタリア系アメリカ人たちは夜間外出禁止や移動の制限に直面した」という形で、日系人以外の集団に対する社会的圧力に言及している。これは強制収容を、日系人というエスニックマイノリティの問題としてだけでなく、普遍的な市民的自由の侵害と位置づけることによって可能となる記述である。

⑤日系アメリカ人強制収容のセクションを旧版からもっとも大きく改変したメアリ・ノートンらの『A People and a Nation』（二〇〇五年版）では、とくにその冒頭に「アメリカの理想の限界」という見出しを付して刷新し、強制収容に批判的な総括を加えている。そのなかには以下の記述が含まれている。

一九四一年、ルーズヴェルトは「四つの不可欠の人間の自由」を守ることをアメリカに誓約した。……そのような自信に満ちた宣言にもかかわらず、アメリカが枢軸国の全体主義的体制と戦うに当たって、国民は簡単には答えが出ない問いに直面した。国家安全保障の利益のために、どの程度までの市民的自由の制限が正当化されるのか？　軍事機密を敵に漏らしアメリカ人の生命が奪われるようなことを避けつつ、どの程度自由に国民に情報を流すことができるの

か？　スパイや破壊工作員の脅威に対して、とりわけ合衆国内に居住するドイツ系、イタリア系、日系の市民から、いかにして合衆国は自らを守ることができるのか？　そして、アメリカの継続中の国内問題——とくに人種の問題——はどうなのか？　枢軸国との戦争を戦っているあいだに、国家は自国の市民の変革への要求に取り組むことができるのか？　これらの問いに対する答えはしばしば、国民の民主主義的理想と戦時下におけるその実践とのあいだの緊張関係を詳らかにした。

「国家安全保障の利益のために、どの程度までの市民的自由の制限が正当化されるのか？」という問いは、むしろ九・一一テロ以後のアメリカから、第二次世界大戦時の社会状況を振り返って生じる問いだといえるだろう。こうした問いかけの後に、日系人の強制収容の実情が説明され、それが国家安全保障のために特定の集団が不利益を被った事例として把握されるのである。一九九〇年代に成立していた、多文化社会を支持する根拠を市民的自由の重要性に求める歴史教科書の視点は、ここにも健在である。

四　多文化共生社会の根拠として掲げられる市民的自由

以上、ゼロ年代のアメリカの歴史教科書における「国家安全保障」と「市民的自由」に関する記述を検討してきた。その知見をここで総括すると、以下の三つを指摘することができる。

第一に、同時多発テロ以後のアメリカのメディアで支配的であった、真珠湾攻撃を九・一一テロのメタファーとして機能させる認識枠組みは、歴史教科書においてはほとんど採用されていなかった。検討した一〇点の教科書のうち中学生向けの一点だけが、両者を類比させた記述を有していたが、そこでもむしろ過去と現在が異なることが強調されていた。かつて真珠湾攻撃の後には日系人の市民的自由が侵害されたが、現在はそれが許容される社会ではないとする理解が、そこからは可能である。

第二に、愛国者法制定から国土安全保障省設立までの国家安全保障策については、すべての教科書がそれへの批判・反論を併記していた。三点の教科書は批判の存在を示唆するに留まり、そのような施策による被害の実情については積極的な言及がなされていなかったが、逆に七点の教科書では移民、ムスリム、アラブ系が市民的自由を侵害されていることが詳らかにされた。愛国者法を始めとする国家安全保障策への反論は、市民的自由の重視と実際の市民の被害を根拠として提示されるのである。

第三に、第二次世界大戦時の日系人の強制収容については、すべての教科書においてそれを市民的自由の侵害の事例と認定し、そのような過去を批判的に理解するという観点が維持されていた。強制収容を正当化するような歴史観は、ゼロ年代の教科書には採用されておらず、一つの見解として併記されるようなこともなされていない。国家の安全のために特定の集団がその自由や権利を奪われることを否とする態度は、一九九〇年代以来継続していると結論することができる。むしろ日系人強制収容についての記述は、国家安全保障と市民的自由のジレンマの問題を現在に関して考えさせる良い参照枠となっており、過去の教訓から現状についての示唆を引き出す、という構成を歴史教科書はとっている。その意味では、歴史教科書においてはアメリカが多文化共生の社会であり得る根拠は、依然として市民的自由の重さに求められているといえる。

(1) 多文化主義にもとづく歴史叙述の課題

ただし前章で取り上げた、第二次世界大戦時の中南米からの日系人の強制収容に関しては、二〇〇〇年代のどの教科書においてもやはり記載はない。多文化共生のロジックはなおナショナルな歴史叙述の枠組みのうちで作用し、その外側の文化的他者には適用されにくい状態にあるといえる。ナショナルな枠組みの内部の多様性が強調され、そのような社会を支える市民的自由の理念が是とされているがゆえに、その枠組みの外に位置する同様の事柄を同様の理念にもとづいて記述しないことは、かえって印象的でもある。多元性を称揚する一元性の問題の根は、二〇〇〇年代においてもなお残されているのである。

イギリスの社会学者ジョン・トムリンソンは、物や資本のみならず人間の流動性も急速に高まったグローバルな人間社会において、普遍化された市民的権利を確立するためには、それを保障する政治的制度の実現より以上に、諸個人の文化的気質の様相が重要な課題だと論じている（『グローバリゼーション――文化帝国主義を超えて』）。彼によれば、非エリート主義的、非自民族中心主義的、非家父長制的、そして非グローバリズム的な存在として、グローバル化した世界に住む人びとが培わなければならないのが、コスモポリタン（世界市民）としての文化的気質である。その内容は次のように想定されている。

コスモポリタンにとって何よりも必要なのは、自分はより広い世界に帰属して

家父長制(patriarchy)
家長権をもつ男子が家族員を統制・支配する家族形態

グローバリズム(globalism)
第一義的には、地球を一体の共同体と考える世界主義。しかしながら、地球規模で市場原理主義が展開された状態を意味するともされ、その文脈で批判的にも用いられる

グローバル化(globalization)
人間の社会的諸観念と社会的諸活動がより広い領域に影響を与え得るよう変化していく、近代世界

システムに内在する継続的な傾向

コスモポリタン（cosmopolitan）　世界主義者。自らを、境界のない世界のなかに位置づく一つの個として見出す者

おり、「遠隔化されたアイデンティティ」を持つことができるという積極的な意識だと言える。この「遠隔化されたアイデンティティ」とは、身近なローカル性によって完全に制限されてしまうことなく――ここが肝心な点だが――我々を人類として統一させるもの、共通の危機や可能性、相互の責任などといったものに対する意識を持ったアイデンティティのことである。……そうすると、コスモポリタニズムの特徴の第一は、グローバル化した世界を「他者のない」世界として捉える鋭い認識だということがわかるだろう。

しかし一方、必要な特徴の第二は、それとほとんど正反対の意識、つまり、多くの文化的他者から成り立つものとして世界を捉えようとする意識である。私が言いたいのは、コスモポリタンになるためには、正当な文化の多元主義を理解し、文化的差異を広く受け入れる態度を身につける必要があるということだ。そしてこの意識は、再帰的なものでなければならない。すなわち、人びとに自分たち自身の文化の前提や神話などを率直に疑ってかからせるようなものでなければならない。（そうしないと、我々はそれらを「普遍的」なものと見なしがちになってしまう。）したがって、重要なのは、この気質の二つの側面は、対照的・対立的なものではなく、互いに和らげ合うもの、そして我々自身の内部で行われ、同時に遠方の文化的他者とのあいだでも行われている対話へ

コスモポリタニズム(cosmopolitanism)
国家や民族を超越して、世界市民の一員として個人をとらえる意識や思想

と我々の気持ちを向けさせるようなものとして見るべきだということである。
〔Tomlinson 1999　194–195 ＝二〇〇〇　三三五―三三六〕

我々自身の内部において、あるいは文化的他者とのあいだでこのような対話が行われることにより、我々は自らのもつ文化の前提を疑いながらもそれを保持し、「世界を〈他者のない〉世界として捉える認識」と「多くの文化的他者から成り立つものとして世界を捉える意識」を同時に主張していくことができる。ここでいうコスモポリタニズム（世界市民主義）とは、日常生活のなかに位相の異なる共同体への複数の帰属意識や責任意識を同時に並存させ、それらの複合のなかから自らのアイデンティティが形成されることである。

人間の共同性の位相を捉える視座を複数用意し、その位相の複数に属する者として個々の人間を捉えることが、多文化主義にもとづく教育の一つの活路であると前章末で述べた。ナショナルな枠組みで語られるものが人間の属する諸々の共同性のうちの一つであること、またそれよりも身近な、あるいはより普遍的な共同性も存在し、それらの位相の往復のなかで人間が生きていることを伝達できるというのが、その具体的なイメージである。多文化教育が志向する多元性をそのように立体的なものへと組み直すことは、トムリンソンの述べるコスモポリタンな文化的気質の生

成とも深くかかわる課題であり、多文化主義にもとづくアメリカの歴史叙述が直面している問題は、そのような課題として社会科学のなかに据えられていることになる。

喫茶室

日本社会の多文化化

日本でも社会の国際化やグローバル化が論じられるようになって久しく、日本での日常生活が海外からの影響を受けるのと同じように、日本人が海外で仕事をしたり暮らしたりする機会も増え続けている。法務省の『出入国管理統計年報』によれば、二〇〇五年に海外へ出国した日本人の延べ人数は、およそ一七四〇万人、日本に入国した外国人の延べ人数は、およそ七四五万人に達している。同年には、海外に長期滞在する日本国籍保有者の数は一〇〇万を越え、日本に長期滞在する登録外国人の数は二〇〇万を越えるに至った。

もちろん、世界には移民や外国人をより大きい割合で含んでいる社会は数多くあり、それと比べれば日本社会の多文化化の現状は著しいとはいえない。しかし日本社会の変化は一九八〇年代に入ってから急激に進んでおり、日本社会が経験している社会の多文化化はその進行の速さにおいて注目すべきものになっている。

加えて、多文化化した社会状況が具体的に教育の場におよぶ度合いも高まっている。日本学生支援機構の『留学生受入れの概況』によれば、大学・大学院・短期大学・高等専門学校・専修学校等に留学している外国人学生の数は二〇〇五年に一二万人を越え、また二〇〇六年の文部科学省の『学校基本調査』では、日本の小・中学校・高等学校・中等教育学校・盲聾養護学校に在籍する外国人児童生徒数がおよそ七万六〇〇〇人であることが示された。そのうち日本語指導が必要な者の数は二万人に達している。多様な背景をもった児童・生徒・学生を前にして、教育の場における実践やカリキュラムには従来とは違ったものが求められているのが実情である。すでに日本の教育には、社会のなかの多様な要素、また個人のなかの多様な要素を看取する視点をもつことが求められている。

五　本書の方法についての補論

本書は、歴史教科書をめぐって議論を重ねるアメリカ社会と、実際に歴史教科書に描かれているアメリカ像――二つの意味での「歴史教科書にみるアメリカ」――を論じてきた。学校教育で用いられている歴史の教科書をいわば覗き窓にして、そこから見える現代アメリカ社会の側面を概観してきたことになる。

その際に注目のポイントとしたのが、「多文化社会」創出のダイナミズムである。全体社会と部分社会の接続、マイノリティについての記述の多寡およびその内容、日系人の強制収容に関する記述の変化、多文化共生社会を基礎づけるものとしての市民的自由、等々といった本書で取り上げたトピックスは、それら自体が、多文化

レリバント（relevant）
〈形容詞〉直接的に関連する。関連性のある。実際的な意味のある

社会に向かってアメリカ社会が変動するなかでイシューとして浮上してきた論題である。したがって、本書における論題の設定は、対象となる社会においてレリバントとされた問題系を辿ることによってなされている。

その意味では、たとえばアメリカの国内政治や国際関係に関する動きを焦点としたならば、「ヴェトナム戦争」や「戦中戦後の日米関係」や「原子爆弾投下」の記述を辿ることもできたであろう。実際に、アメリカの歴史教科書におけるそうしたトピックスについての検討は、アカデミズムのみならずジャーナリズムの分野でも数多くなされるようになっている。本書は多文化社会論・多文化教育論としての簡潔なアメリカ像の提示をまずは意図するものであり、同類の書物と照らし合わされることで、アメリカの歴史教育のより全体的な理解につながるだろう。

また、分析における価値判断についても、本書では論題に内在する論点と評価軸を提示することに努めた。たとえば日本に住む日本人の立場から、アメリカの歴史教科書における黒人の像や原爆投下の記述を評価したり、時には糾弾したりすることも可能であろうが、本書においてはそれを意図してはいない。社会現象にはその現象のなかに存在しそれを担う立場の行為主体が存在しており、そうした主体にとって重要性が認められる論点と評価軸が存在している。本書の議論は、筆者の能力の範囲内ではあるが、アメリカ社会に内在する論点に依拠することで組み上げられるよう心がけた。また、通時的な観点からの観察と検討を行っているのは、現象が移り変わり、そこでの価値観が変化しているという事実自体に、分析の際の価値判断の軸を求めたためである。

もとより本書が扱ってきたものは学校教育における教育的知識という限られたマテリアルであり、社会のあり方を決定する要素が歴史教科書のほかに無数にある以上、本書で示唆されるものはアメリカ社会像のほんの一端でしかない。しかしそうでありながら、社会が教育に及ぼす影響、および教育が社会を構成する作用について、一定以上の確からしさをもつ論理を与えてきたのが社会学の歩みでもある。したがって、「歴史教科書にみるアメリカ」をこのように提示しておくことは、より総合的なアメリカ社会論に対しても、分析の基点の一つとして寄与するものと思われる。

おわりに

本書が検討してきたのは、多文化共生への道を意識して歩み始めたアメリカ社会における、〈社会のなかの多様性を尊重する思想〉と〈社会の凝集性を重視する思想〉のせめぎあいであり、また、両者を同時に満たすことのできる論理を模索する営みであった。

それによって詳らかになってきたのは、歴史叙述におけるナショナルな枠組みの存在である。その枠組みを通して語られるナショナルヒストリー（国民史）のなかでは、「国民」の像を組み直すことによって、社会の構成要素の多様性と全体社会としての凝集性を両立させて表現することが可能となる。しかし、そのような歴史の語り口も当然ながら限界性をもっており、本書ではそれを「多元性を称揚する一元性の問題」として提起し考察した。

この問題を、ナショナルな枠組みそれ自体の解消によって解決することを考えるならば、〈ポスト・ナショナルヒストリー〉が不可欠となる。「国民」や「国家」に依拠しない歴史認識に支えられた研究の蓄積と、その成果を伝達する教育素材や教育実践が必要となる。人間が国民社会の外側に広がる社会を真に想像できるようになるためには、この方向での思考が継続される必要があるだろう。

他方、ナショナルな枠組みの存在を徹底的に意識化することによって、ナショナルヒストリーという歴史像の一元性自体を、認識の対象とすることも可能である。たとえば、テレビで情報を得る際に、テレビという情報伝達装置の存在やテレビ局による情報生成のメカニズムのことを想像できることが「メディアリテラシー」の獲得であるならば、歴史の情報を得る際に、歴史教科書が採用するナショナルな枠組みの存在や、その枠組みで得られた像の性質を理解することを「歴史リテラシー」とよぶことができる。自らが知る「歴史」がナショナルヒストリーであることを知り、いわば〈メタ・ナショナルヒストリー〉の観点を獲得することによっても、歴史の語り口に起因する問題の幾分かを取り除くことができるはずである。

高等教育機関における社会科学系科目の教育は、このような意味での、歴史リテラシーの獲得に寄与することもできる。本書は、その一助となることを願って編まれている。

二〇〇八年一月

岡本　智周

〈参考文献〉

明石紀雄・飯野正子（一九九七）『エスニック・アメリカ――多民族国家における統合の現実　新版』有斐閣

明石紀雄・川島浩平編（一九九八）『現代アメリカ社会を知るための60章』明石書店

アメリカ教育省他著、西村和雄・戸瀬信之編訳（二〇〇四）『アメリカの教育改革』京都大学学術出版会

有馬久仁子（二〇〇六）「合衆国における多文化主義と歴史教育の考察」『国際文化学』第一五号、七七―九一頁

Banks, James A. (1999) *An Introduction to Multicultural Education*, 2nd ed., MA: Allyn and Bacon.（＝一九九九、平沢安政訳『入門　多文化教育――新しい教育の学校づくり』明石書店）

Bloom, Allan (1987) *The Closing of the American Mind*, NY: Simon & Schuster.（＝一九八八、菅野盾樹訳『アメリカン・マインドの終焉――文化と教育の危機』みすず書房）

Crane, Barbara (1975) "The 'California Effect' on Textbook Adoptions," *Educational Leadership* 32 (4), pp. 283-285.

Durkheim, Émile (1922) Éducation Et Sociologie, Félix Alcan.（＝一九七六、佐々木交賢訳『教育と社会学』誠信書房）

江口真理子（二〇〇三）「真珠湾攻撃に喩えられた同時多発テロ――歴史認識とメディアの役割」『アジア遊学』第五四号、一五九―一六七頁

FitzGerald, Frances (1979) *America Revised: History Schoolbooks in the Twentieth Century*, MA: Little Brown.（＝一九八一、中村輝子訳『改訂版アメリカ――書きかえられた教科書の歴史』朝日新聞社）

藤田英典（一九九三）「学校文化への接近」木原孝博・武藤孝典・熊谷一乗・藤田英典編『学校文化の社会学』福村出版、一〇―三五頁

Gitlin, Todd (1995) *The Twilight of Common Dreams: Why America Is Wracked by Culture Wars*, NY: Henry Holt & Company.（＝二〇〇一、疋田三良・向井俊二訳『アメリカの文化戦争――たそがれゆく共通の夢』彩流社）

Glazer, Nathan, and Reed Ueda (1983) *Ethnic Groups in History Textbooks*, Washington, D.C.: Ethics and Public Policy Center.

Hirsch, Eric D. (1987) *Cultural Literacy: What Every American Needs to Know*, NY: Houghton Mifflin Company.（＝一九八九、中村保男訳『教養が、国をつくる。――アメリカ建て直し教育論』ＴＢＳブリタニカ）

Hollinger, David A. (1995) *Postethnic America: Beyond Multiculturalism*, NY: Basic-Books.（＝二〇〇二、藤田文子訳『ポストエスニック・アメリカ――多文化主義を超えて』明石書店）

石原圭子（一九九九）「「文化戦争」と呼ばれる現在」川上忠雄編『アメリカ文化を学ぶ人のために』世界思想社、七九―一〇一頁

川原謙一（一九九〇）『アメリカ移民法』有斐閣

Kikumura-Yano, Akemi, Lane Ryo Hirabayashi, and James A. Hirabayashi (2005) *Con-*

mon Ground: The Japanese American National Museum and the Culture of Collaborations, CO: University Press of Colorado.

北野秋男（二〇〇四）「現代アメリカにおける教育改革の思想と政策の分析――アメリカの新保守主義思想を中心として」『教育学雑誌』第三九号、一―一二頁

越田稜（二〇〇六）『アメリカの教科書に書かれた日本の戦争』梨の木舎

Loewen, James W.（1995）*Lies My Teacher Told Me: Everything Your American History Textbook Got Wrong*, NY: Touchstone Books.（＝二〇〇三、富田虎男監訳『アメリカの歴史教科書問題――先生が教えた嘘』明石書店）

Magnuson, Eric（1997）"Ideological Conflict in American Political Culture: The Discourse of Civil Society and American National Narratives in American History Textbooks," *International Journal of Sociology and Social Policy* 17 (6), pp. 84–130.

Malkin, Michelle（2004）*In Defense of Internment: the Case for "Racial Profiling" in World War II and the War on Terror*, Washington, D.C.: Regnery Publishing.

宮島喬・藤田英典編（一九九三）『文化と社会』放送大学教育振興会

Moreau, Joseph（2003）*Schoolbook Nation: Conflicts over American History Textbooks from the Civil War to the Present*, MI: University of Michigan Press.

Nash, Gary B., Charlotte Crabtree, and Ross E. Dunn（1997）*History on Trial: Culture Wars and the Teaching of the Past*, NY: Knopf.

National Commission on Excellence in Education（1984）*A Nation at Risk: The Full Account*, OR: USA Research.

大島京子（二〇〇三）「アメリカ合衆国――討論を中心とした歴史の授業」石渡延男・越田稜編『世界の歴史教科書――一一カ国の比較研究』（第二刷）明石書店、二二九―二五三頁

岡本智周（二〇〇一）『国民史の変貌――日米歴史教科書とグローバル時代のナショナリズム』日本評論社

岡本智周（二〇〇六）「多文化教育と日系アメリカ人のナショナルアイデンティティ」『筑波教育学研究』第四号、四七―六三頁

岡本智周（二〇〇六）「二〇〇〇年代の米国歴史教科書に表現される多文化社会の根拠――「国家安全保障」と「市民的自由」に関する記述を事例として」『共生教育学研究』第一巻、一―一三頁

Ravitch, Diane (2000) *Left Back: A Century of Failed School Reforms*, NY: Simon & Schuster.

Schlesinger, Arthur M., Jr. (1991) *The Disuniting of America: Reflections on a Multicultural Society*, NY: W. W. Norton and Company.（＝一九九二、都留重人訳『アメリカの分裂――多元文化社会についての所見』岩波書店）

Sleeter, Christine E., and Carl A. Grant (1991) "Race, Class, Gender, and Disability in Current Textbooks," Michael W. Apple and Linda K. Christian-Smith eds., *The Politics of the Textbook*, NY: Routledge, pp. 78-110.

関根政美（二〇〇〇）『多文化主義社会の到来』朝日新聞社

Spring, Joel (2005) *The American School: 1642-2004*, 6th ed., NY: McGraw-Hill.

高橋哲哉（一九九九）『戦後責任論』講談社
冨所隆治（一九九八）『アメリカの歴史教科書——全米基準の価値体系とは何か』明治図書
Tomlinson, John (1999) *Globalization and Culture*, IL: University of Chicago Press.（＝二〇〇〇、片岡信訳『グローバリゼーション——文化帝国主義を超えて』青土社）
U.S. Immigration and Naturalization Service (2003) *2001 Statistical Yearbook of the Immigration and Naturalization Service*, Washington, D.C.: U.S. Government Printing Office.
横田啓子（一九九五）『アメリカの多文化教育——共生を育む学校と地域』明石書店

＊用語説明の作成には、有斐閣『新社会学辞典』、弘文堂『社会学事典』、山川出版社『世界史小辞典』、三省堂『20世紀思想事典』、弘文堂『国際政治事典』、新曜社『文化理論用語集』、研究社『リーダーズ英和辞典』、アルク『英辞郎』、岩波書店『広辞苑』を参照した。

＊本書は、平成一八〜一九年度文部科学省科学研究費補助金・若手研究（B）による「二〇〇一年以降の米国歴史教育における多文化主義と国民主義の相克と止揚に関する研究」（課題番号：一八七三〇五一八）の成果である。

早稲田社会学ブックレット出版企画について

社会主義思想を背景に社会再組織化を目指す学問の場として一九〇三年に結成された早稲田社会学会は、戦時統制下で衰退を余儀なくされる。戦後日本の復興期に新たに自由な気風のもとで「早大社会学会」が設立され、戦後日本社会学の発展に貢献すべく希望をもってその活動を開始した。爾来、同学会は、戦後の急激な社会変動を経験するなかで、地道な実証研究、社会学理論研究の両面において、早稲田大学をはじめ多くの大学で活躍する社会学者を多数輩出してきた。一九九〇年に、門戸を広げるべく、改めて「早稲田社会学会」という名称のもとに再組織されるが、その歴史は戦後に限定しても悠に半世紀を超える。

新世紀に入りほぼ十年を迎えようとする今日、社会の液状化、個人化、グローバリゼーションなど、社会の存立条件や社会学それ自体の枠組みについての根底からの問い直しを迫る事態が生じている一方、地道なデータ収集と分析に基づきつつ豊かな社会学的想像力を必要とする理論化作業、社会問題へのより実践的なかかわりへの要請も強まっている。早稲田社会学ブックレットは、意欲的な取り組みを続ける早稲田社会学会の会員が中心となり、以上のような今日の社会学の現状と背景を見据え、「社会学のポテンシャル」「現代社会学のトピックス」「社会調査のリテラシー」の三つを柱として、今日の社会学についての斬新な観点を提示しつつ、社会学的なものの見方と研究方法、今後の課題などについて実践的な視点からわかりやすく解説することを目指すシリーズとして企画された。多くの大学生、行政、一般の人びとに広く読んでいただけるものとなることを念じている。

二〇〇八年二月一〇日

早稲田社会学ブックレット編集委員会

岡本智周（おかもと ともちか）

一九七一年東京生まれ。現職：筑波大学大学院人間総合科学研究科准教授

早稲田大学大学院文学研究科社会学専攻博士後期課程修了、博士（文学）

専攻：教育社会学、共生社会学、ナショナリズム研究

主な著書

『国民史の変貌――日米歴史教科書とグローバル時代のナショナリズム』日本評論社、二〇〇一（第一回日本教育社会学会奨励賞）

『叙述のスタイルと歴史教育――教授法と教科書の国際比較』（分担執筆・渡辺雅子編）三元社、二〇〇三など